普通高等院校规划教材

非常规状态下的校园分层防控与管理

张媛媛 主编

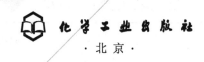

化学工业出版社

·北京·

内容简介

本书以校园各层面安全职责落实和校园安全风险防控为主线，阐述了非常规状态下的学生自我管理、教育教学、后勤保障等工作的具体职责与举措，并从学生、教师及校园管理者三层主体出发，介绍了自然灾害、群体性、校园安全类、公共卫生类突发事件的防控与管理措施。书中整理了校园管理的典型案例，针对性与指导性强，旨在为提升学生面对非常规状态的意识和能力，以及现阶段校园合理、科学处理应急事件，保障校园和谐稳定提供帮助。

本书适合在校学生、学校管理人员、教师、辅导员、后勤管理人员等阅读参考，并可作为教材使用。

图书在版编目（CIP）数据

非常规状态下的校园分层防控与管理/张媛媛主编. —北京：化学工业出版社，2021.8（2022.1重印）
ISBN 978-7-122-39421-7

Ⅰ.①非… Ⅱ.①张… Ⅲ.①学校管理-安全管理-研究-中国 Ⅳ.①G474

中国版本图书馆CIP数据核字（2021）第129134号

责任编辑：冉海滢　于　水　　　　装帧设计：王晓宇
责任校对：边　涛

出版发行：化学工业出版社（北京市东城区青年湖南街13号　邮政编码100011）
印　　装：北京建宏印刷有限公司
710mm×1000mm　1/16　印张10¼　字数253千字　2022年1月北京第1版第2次印刷

购书咨询：010-64518888　　　　　　　　　　售后服务：010-64518899
网　　址：http://www.cip.com.cn
凡购买本书，如有缺损质量问题，本社销售中心负责调换。

定　价：68.00元　　　　　　　　　　　　　　　版权所有　违者必究

本书编写人员

主　　编：张媛媛
副 主 编：刘　敏　何　杰　代　馨　王兰英
参编人员：（以姓氏笔画为序）

　　　　　　王　杨（大连医科大学）
　　　　　　王兰英（大连医科大学）
　　　　　　王丽佳（联勤保障部队大连康复疗养中心）
　　　　　　代　馨（大连医科大学）
　　　　　　朱　帅（大连医科大学）
　　　　　　刘　敏（大连医科大学中山学院）
　　　　　　刘森森（联勤保障部队大连康复疗养中心）
　　　　　　池　苗（陆军边海防学院基础部政理与政工教研室）
　　　　　　何　杰（大连医科大学）
　　　　　　何　牧（大连医科大学）
　　　　　　张　勇（大连医科大学）
　　　　　　张媛媛（大连医科大学）
　　　　　　修丽华（大连医科大学）
　　　　　　龚雪姗（联勤保障部队大连康复疗养中心）
　　　　　　梁　博（大连医科大学）

前　言

校园安全，是学校管理工作的重要组成部分，也是学校开展教育教学活动的基础，是学生安全、顺利学习的重要前提。校园安全管理工作的开展，离不开学校各主体的协同发力，学生、教师、管理人员均要为校园安全承担相应责任。在对校园内部进行分层划定的基础上，研究校园非常规状态事件的影响因素，提出应对措施，符合当前校园安全管理体系构建的需要。

本书注重理论与实践相结合，探讨了校园非常规状态事件的内涵、现状及影响因素等，提出了校园非常规状态事件防控建议，旨在为学生、教师及校园管理部门提供一个交流和学习的平台，同时为校园的安全建设及学生在面对非常规状态事件时提供参考。

本书分为九章。第一章概述校园非常规状态事件；第二章重点介绍学生群体在面对校园非常规状态事件时的自我管理措施；第三章主要介绍非常规状态下的校园教育教学工作；第四章主要介绍非常规状态下的学校后勤保障工作；第五章至第八章则分别对我国常见的、影响较大的几类校园非常规状态事件进行介绍，并提出应对方法；第九章对国内外的校园非常规状态事件的管理实践进行介绍。

编写工作具体分工如下：第一章由梁博、池苗编写；第二章由王丽佳、刘森森、龚雪姗编写；第三章由王兰英、何杰、刘敏编写；第四章由朱帅编写；第五章由修丽华编写；第六章由张媛媛、代馨编写；第七章由何牧编写；第八章由张勇编写；第九章由王杨编写；附录由代馨整理；张媛媛最后负责全书的统稿工作。

本书在编写过程中,得到了各方的支持与帮助,尤其是化学工业出版社的大力协助,在此表示衷心的感谢。由于编者水平有限,书中疏漏之处在所难免,恳请读者赐教指正,供再次修订时参考。

编者

2021年4月

目 录

第一章　绪论　001

　第一节　非常规状态与校园非常规状态事件　002
　　一、非常规状态事件概述　002
　　二、校园非常规状态事件概述　003
　第二节　校园非常规状态事件管理现状及方向　005
　　一、校园非常规状态事件管理现状　005
　　二、校园非常规状态事件管理工作的方向　006
　第三节　校园非常规状态事件管理主体及类型　007
　　一、校园非常规状态事件管理主体　007
　　二、校园非常规状态事件类型　011
　第四节　校园非常规状态事件管理对策　012
　　一、完善校园安全检查与监督制度　012
　　二、建立健全师生参与管理责任制　013
　　三、加强信息建设及完善预防措施　014
　　四、动员社会力量共同参与校园应急管理　014
　复习思考题　015
　参考文献　015

第二章　非常规状态下的学生自我管理工作　017

　第一节　校园管理不安全因素　018

  一、社会因素 018
  二、学校因素 018
  三、学生因素 019

第二节 学生自我管理 021
  一、学生自我管理的原则 022
  二、学生自我管理的特点 023
  三、学生自我管理的内容 024

第三节 非常规状态下的学生自我管理 027
  一、学生积极参加自我管理活动 027
  二、发挥学生"意见领袖"的舆论影响力 028

复习思考题 030

参考文献 030

第三章 非常规状态下的教育教学工作 032

第一节 校园教育工作承担者的职责 033
  一、辅导员（班主任） 033
  二、各学科教师 034
  三、心理辅导老师 034
  四、其他 035

第二节 非常规状态下的教师责任 035
  一、教师的工作职责 035
  二、教师的工作原则 036
  三、校园非常规状态事件下教师的处置办法 037
  四、非常规状态事件下教师工作的意义 038

第三节 校园非常规状态下的学生配合工作 040

  一、服从教师相关教学安排 040
  二、提高自我管理思想意识 041
 第四节 校园军训管理工作 041
  一、校园军训的内容 042
  二、校园军训的原则及特点 042
  三、校园军训的意义 043
  四、学生的自我管理 044
复习思考题 045
参考文献 045

第四章 非常规状态下的后勤保障工作 047

 第一节 后勤保障工作概述 048
  一、后勤保障工作的特征 048
  二、后勤保障工作的原则 050
  三、后勤保障工作的意义 051
 第二节 非常规状态下后勤保障工作应对方法 053
  一、建立后勤保障组织机构并明确工作职责 053
  二、建立规章制度 053
  三、教育培训 053
  四、监督检查 054
  五、应急预案及演练 054
  六、考核问责 054
  七、事故管理 055
  八、绩效评定与改进 055
 第三节 非常规状态下的学生配合工作 055

	一、参与后勤保障工作的检查及监督管理	055
	二、认同校园后勤保障工作的管理处置方案	056
	三、配合校园非常规状态下后勤精细化管理工作	056
复习思考题		059
参考文献		059

第五章　自然灾害突发事件防控与管理　　062

第一节　自然灾害突发事件概述　　063
一、自然灾害突发事件的分类　　063
二、我国自然灾害突发事件的现状及特点　　065

第二节　校园应对自然灾害突发事件的举措　　067
一、教师主体　　067
二、校园管理者主体　　068

第三节　自然灾害突发事件的学生自我管理　　069
一、服从校园管理工作　　069
二、参与校园应急管理处置工作　　069
三、学习自我心理调节及疏导方法　　070

复习思考题　　071
参考文献　　072

第六章　群体性突发事件防控与管理　　073

第一节　群体性突发事件概述　　074
一、群体性突发事件的分类　　074
二、我国群体性突发事件的现状及特点　　075

第二节　校园应对群体性突发事件的举措　　077
一、教师主体　　077
二、校园管理者主体　　078
第三节　群体性突发事件的学生自我管理　　079
一、积极与教师沟通交流　　080
二、树立正确的人生观与价值观　　080
三、加强思想文化与政治安全学习　　081
四、发挥学生社团的正面作用　　081
复习思考题　　082
参考文献　　083

第七章　校园安全类突发事件防控与管理　　084

第一节　校园安全类突发事件概述　　085
一、校园安全类突发事件的分类　　085
二、校园安全类突发事件的诱发因素　　087
三、我国校园安全类突发事件的现状及特点　　089
第二节　校园安全类突发事件应对举措　　091
一、教师主体　　091
二、校园管理者主体　　092
第三节　校园安全类突发事件的学生自我管理　　093
一、提高自我管理意识　　093
二、配合学校相关管理工作　　094
三、发挥学生管理团体作用　　094
复习思考题　　098
参考文献　　098

第八章　公共卫生类突发事件防控与管理　100

第一节　公共卫生类突发事件概述　101
一、公共卫生类突发事件的分类　101
二、我国公共卫生类突发事件现状及特点　102

第二节　校园公共卫生类突发事件的应对举措　106
一、学生主体　106
二、教师主体　107
三、校园管理的各方主体　109

第三节　公共卫生类突发事件下的学生自我管理　112
一、加强学生管理团体的宣传教育作用　112
二、树立正确的公共卫生安全与保护意识　113
三、开展各类公共卫生主题活动　114

复习思考题　118

参考文献　118

第九章　校园非常规状态事件防控与管理实践探析　121

第一节　校园突发事件应急管理国际经验　122
一、法国校园重大突发事件应急管理经验　122
二、日本校园重大突发事件应急管理经验　123
三、美国校园重大突发事件应急管理经验　124

第二节　新形势下我国校园安全管理实践探索　126
一、校园安全文化环境与教育环境建设　126
二、国际应对校园安全事件的经验启示　128
三、我国校园安全建设举措　133

  四、校园安全防范技术的应用　　135
  五、智慧校园管理技术的应用　　136
 复习思考题　　139
 参考文献　　139

附录　教育系统公共卫生类突发事件应急预案（节选）　141

第一章 绪论

第一节 非常规状态与校园非常规状态事件

第二节 校园非常规状态事件管理现状及方向

第三节 校园非常规状态事件管理主体及类型

第四节 校园非常规状态事件管理对策

第一节
非常规状态与校园非常规状态事件

一、非常规状态事件概述

1. 含义

非常规状态事件一般是指在短时间内突然发生的，对社会与公众生命财产产生严重负面影响的事件，可以表现为自然灾害、事故灾难、公共卫生事件和社会安全事件等，造成或者可能造成重大人员伤亡、财产损失、生态环境破坏和其他严重社会危害，危及公共安全。在突发公共事件的众多类型中，既包括突发或该类事件已频繁发生，但在常规控制范围之内的突发事件，即常规突发公共事件；也包括很少发生，远超出常规控制范围的突发事件，即非常规突发公共事件，又称为非常规状态事件。近些年非常规状态事件时有发生，例如2014年上海外滩的踩踏事件、2015年天津滨海新区的爆炸事故、2020年福建泉州酒店坍塌、2021年山东栖霞矿难等均引起强烈关注。

非常规状态事件由于发生前兆不充分，并表现出随机性、时间紧迫性、后果严重性等明显的复杂特征，采用常规管理方式难以应对处置。现代文明社会是由人类与自然共同组成的耦合系统，也呈现出复杂的典型特征。越复杂的系统往往越脆弱，近年来非常规状态事件呈高频次、多领域发生的复杂态势，更突显出现代社会对科学应急管理的迫切需求。在现代社会快速发展的背景下，非常规状态事件的防控研究变得尤为重要。

2. 特征

非常规状态事件的"非常规"表现在其社会影响力、事件包容度和主体感应性与常规状态事件相比具有差异。其主要特征为：一是事件本身的非常规化，发生频率较小，在演化过程中具有不可预测性；二是处置方法的非常规化，常规程序、传统应对方法等都要被打破，须采用实时应急的方法进行处置。具体表现在以下几个方面。

第一,参与人员的规模。其主体是群体,并且聚集而成的群体往往具有共同的利益关系、类似的思想感情和共同的行为目标。非常规状态事件的参与人员规模大,产生的后果严重,制度对其容纳能力较差。

第二,事件爆发的频率。事件爆发的频率是指在社会生活中非常规状态事件是否频繁发生。非常规状态事件具有突发性的特征,发生前兆不充分,影响范围大,演变过程和结果缺乏可预见性,这些特征决定了在突发事件下要作出相应的决策受到诸多因素的影响,譬如时间上的压力、心理承受能力、连续决策和经验缺乏等。

第三,事件的演化速度。演化速度是指事件完成演化过程所需要经历的时间长短,非常规状态事件的发生、发展、成熟和平静通常具有自己特定的"生命周期",其演变特征是从静到动,从和平到暴力,从小规模到大规模。许多非常规状态事件通常是由事故引起的,其先兆并不明显,突然爆发后迅速失控,迅速扩大规模、强度和结构,结果出人意料,一时无法应对。

二、校园非常规状态事件概述

1. 含义

从非常规状态事件的内涵中,自然地得出了校园非常规状态事件的内涵:直接或间接发生在校园内,由本校师生员工实施,或以其为侵害对象的,严重影响师生正常教学、科研和日常生活,甚至破坏校园和社会秩序、危害财产和人身安全的突发公共事件。

学校具有人员密集、群体明确、生活学习建筑密集等特点,由于社会发生日新月异的变化,经济快速增长,日益复杂的社会矛盾和社会环境以及其他各种矛盾和问题不断累积,无疑对学校的安全和稳定产生了影响,并为校园内非常规状态事件的发生提供了机会。在各种类型的校园突发事件逐渐增多之际,从学校管理者到政府乃至社会都面临着极为严峻的挑战。

2. 特征

校园中的非常规状态事件与校园中的常规状态事件相对立。由于事件的敏感性和主体性,学校如若不能及时进行科学应对与处理,会使情况变得更加严重，导致潜在的衍生危害加大，对学校的破坏性更大。校园非常规状态事件因校园自身的特殊性和危害程度的不同，决定了学校应急管理不同于其他部门的特点。

（1）爆发的突然性和随机性　就发生时间而言，校园非常规状态事件爆发的时间点常令学校管理者始料不及。校园非常规状态事件发生突然或蔓延迅速，很难预测和提前预防，并且也很难在短时间内有效地处理它们。从表面上看，校园非常规状态事件具有突发性和事故性的特征，但是一切的发生都是从数量变化开始的，数量变化的积累在一定程度上导致了事件性质的变化。学生、班级、院系没有处理好的事情，可能会引发整个学校非常规状态事件的发生。

校园非常规状态事件的发生具有很大的随机性。非常规状态事件发生后，学校管理者一时之间难以应对事件的发生所带来的影响，更对事情的处理无从下手。这就使得学校管理工作陷入被动的局面，因此这更要求学校要做好应急预案，以备不时之需。

（2）情况的复杂性　随着科技的发展，信息传播的手段不断更新，因此校园非常规状态事件的传播速度逐渐加快，负面消息传播的概率增加，不同价值观念的对立以及学校政策上的某些失误和工作中出现的问题，使各层人员之间存在利益的矛盾冲突，这使得校园非常规状态事件的发生率有所提高，面对的环境、情况也更加复杂。

校园安全维系着数以万计的家庭，一旦校园内发生非常规状态事件，往往会在社会上引起轩然大波。如果处理不当会给校园管理带来不同程度的冲击，也会造成校园秩序混乱以及校园声誉受损的严重后果。

（3）危害的严重性　校园非常规状态事件破坏了学校教学、科研和其他方面的正常秩序，给学校的整体工作和学生的学习环境造成损失，并会在一定层面上引起师生心理上的恐慌情绪。学校常规的教育和教学秩序遭到破坏，也会给学校的声誉带来许多负面影响。家庭、社会的紧张情绪也极易被社会上别有用心者煽动，互联网的高速传播，客观上加大了危害的范围和程度。因此在对校园非常规状态事件的管理过程中，要始终谨记校园非常规状态事件危害的严重性，防患于未然，避免事件的扩大，造成更大的危害。

（4）影响的持久性　微信、微博等社交媒体的广泛使用，使得校园一旦发生非常规状态事件，很容易出现校外的波及效应。即使在学校内部非常规状态事件已得到有效控制，也难免会出现"一波未平，一波又起"的联动效应。

第二节
校园非常规状态事件管理现状及方向

一、校园非常规状态事件管理现状

近年来，校园非常规状态事件的数量不断增加，危害日益严重，引起了公众的广泛关注。尽管我国对校园非常规状态事件的管理进行了详尽的探讨与研究，对这一层面的认知也取得了一定的成效，但由于此类事件独有的突发性和不确定性，使得现行的应对机制也存在着一些问题，具体体现在以下几个方面。

1. 相关法律法规不健全

为应对非常规状态事件的发生，我国颁布了一些法律法规，如《中华人民共和国突发事件应对法》，但目前针对校园非常规状态事件的防控与应对并未作出明确的规定，大多数学校还没有制订配套的应急管理措施。在紧急情况下，很多学校面对事件的处理时较为迷茫，不知从何下手，导致学生与学校、学校与社会之间的矛盾和冲突更加尖锐。由于制度的欠缺，也导致很多学校应急预案的科学性和可操作性不强，在发生校园非常规状态事件时不能发挥真正作用。

2. 组织管理体系不健全

校园非常规状态事件的应急管理体系不仅涉及校园这一部分，还涉及地方相关单位、社会团体、新闻媒体等。但目前的管理过程中，除校园的保卫处之外，其他部门的职能较弱，尚未建立应急管理部门来应对校园非常规状态事件。各个团体之间缺少相关的沟通与协调，对此类事件的管理缺乏合作，不能有效借助各方力量共同处理校园非常规状态事件。

3. 主体间合作意识淡薄

在校园非常规状态事件管控过程中，各参与主体的合作意识淡薄。首先是校园内部各部门之间合作意识缺失，其次是政府相关部门与学校之间的合作意识缺失。在应对校园非常规状态事件时，校园内部各职能部门缺乏以学生为本的工作意识，机构分工不明确，不同部门之间彼此的协调合作机制欠缺，部门间存在相互推诿责任的现象，不能对学生学习生活中的困难进行及时的引导和帮助。校园非常规状态事件爆发后，由于缺乏完善的上报程序与制度，政府相关部门不能及时进行资源调配与处置，不能及时给予财力、物力支援，导致校园一旦爆发大规模的非常规状态事件，可能会错过处理紧急情况的最佳时间。

二、校园非常规状态事件管理工作的方向

处理好校园非常规状态事件，对于社会的安宁、经济的发展具有重要意义。学校要坚持"及早预防、及早发现、及早干预、及早决策和及早解决"的原则，做好防范工作，防止事态恶化。校园的稳定是我国教育事业健康可持续发展的必要保证。学校领导要从根本上重视此类事件发生的不稳定因素，加强师生的思想政治教育，开设突发事件培训讲座，全面掌控事件发展动态，尽可能从根源上抑制非常规状态事件的发生。同时，积极培养和引进专业应急人员，在应急人员的培养上投入相当的人力、物力和财力，在校园非常规状态事件发生时，需要有担任操作、指挥和技术指导等人员的参与，凭借其丰富的救援常识和快速反应能力以及良好的心理素质面对紧张复杂的情况。

1. 由风险的事后处理转变为风险的事前预防

传统的校园非常规状态事件管理更多的是由学校进行日常管理，其管理的重点放在安全事故的应急处置和化解转移上，即更多的是强调将校园非常规状态事件发生后的损失降到最低，使事件能够得到及时和有效的处理和化解，校园非常规状态事件管理的主体更关注于化解风险，而不是防范风险。校园非常规状态事件的防控应强调如何认识到风险自

身的客观规律,学校的管理主体应关注于引导师生认识风险,了解风险,提前进行干预,并减轻风险对校园的影响。校园安全风险防控需要实现从被动管理到主动预防的转变,这样更有利于学校及时查找风险的缘由,提前采取整改措施。

2. 由单一应对部门转变为多主体的风险共同防范

传统的校园非常规状态事件管理的主体,主要是学校和教育主管部门,管理机构和形式比较单一。从校园非常规状态事件风险防控启动公共治理进程、构建风险共担体系可以看出,校园安全风险管理主体由过去的单一主体向多元化防治主体转变。在理论上,校园安全属于公共治理的范畴,应该形成多个组织和个体一起参与、相互协调的校园安全管理多方力量;在现实中,社会非常规状态事件的积累和增加不断向学校渗透,校园非常规状态事件逐渐呈现出种类多、性质复杂渐深的特点,单靠教育主管部门和学校无法对所有的风险实现有效防控,需要多部门的参与和协作。

3. 由风险防范政策制订转变为建立多机制的防范体系

传统的校园非常规状态事件管理单单集中在制订应急管理机制方面。针对当前的校园非常规状态事件管理的问题、现行的应急管理机制和校园突发事件应对的组织机构构建,依据应急管理过程中出现的问题,应探究并提出具有可行性的意见、对策和措施,建立多主体参与的多机制校园安全防范体系,以便更好地应对危机,减轻危害。

第三节
校园非常规状态事件管理主体及类型

一、校园非常规状态事件管理主体

1. 学生

鉴于学生有着诸多的自身特点,对这一群体进行专门的总结和分析尤为必要。学生有着生活经验相对简单、思维和个性独特、创新能力强的优点，也存在着遇事鲁莽、抗压能力较弱、性格冲动的缺点，因此在面对一些突发状况时，学生无法妥善有效地处理问题，从而会导致一些校园非常规状态事件的发生。但当前校园学生普遍具有自我意识增强、学习和生活逐步网络化、身心发展成熟的特点，在发生校园非常规状态事件时，也有其个体的突出优势，具体如下。

（1）自我意识增强　新时代的年轻人面对新鲜事物有着较强的接受能力，对新兴事物有着自己独特的想法，对于一些舆论事件愿意提出自己的看法，有强烈的表达欲。因此，这一情况对教师也提出了较高的要求，教师不仅要讲授知识，更要在思想上引导学生。

（2）学习和生活网络化　数字信息时代下，学生有了更多的机会和平台学习新知识，互联网为学生提供了简单、便捷、高效的社会化场所。万物互联的时代，使得大部分的学习、生活活动均可在线上进行，鉴于此，互联网成为当代学生生活中必不可少的工具。

（3）身心发展成熟　学生一般处在青春期，在此期间，青少年行为模式、自我意识与情绪逐渐成熟，在这些迅速变化之中，学生的思维方式正日益形成，个性化水平得以定型，价值观和道德观体系逐渐成熟。

2. 校园教育工作承担者

（1）辅导员（班主任）　辅导员（班主任）负责学生的思想政治教育工作。作为学生日常思政教育与管理的组织者、实施者和指导者，辅导员（班主任）的主要工作包括帮助学生树立正确的价值观，组织开展日常思想政治教育，指导学生的日常行为规范，处理突发意外事故等。新时代学校辅导员（班主任）应肩负起对学生政治上正确引导、思想上守正引领、学习上精准辅导、行为上躬身教导、就业上规划指导的时代使命，落实立德树人的基本要求。

同时，辅导员（班主任）作为校园里学生的第一管理者，理应成为校园非常规状态事件干预和管理的主体之一。辅导员（班主任）可以通过教学期间的定期班会、年级大会适时教导学生，使学生认识到身边事件可能存在的潜在威胁。辅导员（班主任）应尽可能从多方面、多角度、多层次了解校园非常规状态事件的潜在信息,并学会处理突发事件,掌握突发事件的应对措施。学生遇到此类事件应及时与辅导员(班主任)联系,尽量妥善处理好相关事件。

(2)各学科任课教师 教师是校园非常规状态事件下的另一管理主体。按照法律法规和行业规范,教师是在规定的时间节点内,根据学校设施条件和个人职称专业备课授课,引导辅导学生学习,组织听课练习和考试,传授科学文化基本知识,开展主持学术交流,提高学生的观察、学习、操作等综合实践能力的主要负责人。

作为教育的主体,教师对学生的安全负有一定的管理责任,需尽到相应的安全教育义务。创新安全意识教育方式和方法,要将安全渗透于各种教学活动和加强自救自护能力的培养中。其一,将安全教育渗透于各种教学活动和各学科知识教学中;其二,针对安全自救的内容做好企划书,落实到教育教学当中,明确讲授的具体内容,利用线上与线下相结合的方式,借助互联网丰富且优质的资源,结合教师声情并茂的讲授,增加学生的接受度,使学生学习、掌握相关的应对措施;其三,还可以运用演习的方法,使学生在危急情况下能够灵活应对,提高学生的心理素质和自救自护能力。

(3)心理辅导老师 心理辅导老师是指具有一定的心理学专业背景,受过心理学专业培训、咨询及实践,语言表达能力强,能够在公共场合针对不同的学生人群进行心理健康教育讲座的专业人士。优秀的心理辅导老师是心理学与学生的纽带,是集心理学专业知识和演讲技巧于一身的复合型人才,因其具有较高的专业素养和丰富的心理学知识,学生能够通过老师的言传身教,学习更多的心理技巧,从而合理应对非常规状态事件。

加强学生的心理健康教育,以案例教学、情景教学或定量和定性相结合的方式对学生心理进行研究,提升学生对不安全因素的心理应对能力以及校园非常规状态事件发生后的心理承受能力。据统计,当前在学校发生的一些欺凌事件、暴力事件,很多都与当事人的心理疾病有关,这些学生如果能够得到及时的心理辅导,可能不会发生这种情况。因此,要加强心理辅导老师对学生的指导和干预,讲授自我调节、自我疏导的具体方法,培养学生应对高压环境、受挫时的抗压能力及适应能力。相关政府部门还应在社会上广泛宣传,设立免费的心理咨询中心,针对学生心理问题进行一对一指导,促使学生形成健全的人格和较高水平的心理素质。

3. 校园管理工作承担者

学校应设置校园非常规状态事件相关的应急响应机构和部门,在从事校园某一方面预警管理事务的同时,也承担着对本部门非常规状态事件建言献策的职能,既是非常规状态事件管理的职能部门,也是非常规状态事件管理的参谋咨询机构。非常规状态事件发生时,要迅速组建组织结构合理、人员分工完善、职能明确的应急小组,提出专业的意见,搭建信息沟通桥梁,做好科学技术保障,实时为非常规状态事件做好应急准备。

(1)学校安全管理领导小组　认真贯彻国家、省、市教育局的安全工作方针、政策、法律法规、规章制度;落实"安全第一,预防为主,综合治理"的安全工作方针;协调和指导本校安全工作。设立本校安全工作目标;督促、检查各岗位对上级部门有关法律、法规要求的执行情况;定期或不定期地听取本校各岗位整改重大隐患和加强安全管理工作的汇报,并提出解决建议;及时反馈重要安全问题及隐患,并提出处理意见;完成上级部门交办的安全工作任务;审议本校安全工作责任制及安全管理制度;做出对本校安全工作有贡献人员的奖励决定以及违章、事故责任人的处罚决定;按"四不放过"原则对事故进行调查处理、责任追查和隐患整改;负责组织落实本校安全事故的调查,并将调查结果及应采取的措施形成正式报告。

(2)校园安全防控管理部门　校园安全防控管理部门应当根据需要,依据《教育系统事故灾难类突发公共事件应急预案》的要求,制订应对各种突发事件的预案,依据应急预案的标准配备相应设施。每学期至少开展一次针对洪水、地震、火灾等灾害预防的紧急疏散演练活动,增强未成年人的自我保护意识和能力。带领学生做好强化应急培训和演练,持续提升学生的科学应对能力。学校应将应急培训教育纳入安全教育培训工作,并列入年度大纲,明确培训教育学时和具体要求。通过开展"分级、分类、分层次"的培训活动,增强教职工和学生面对非常规状态事件的反应程度。学校应有针对性地编制非常规状态事件的应对规则,制订严格的评估标准,以辅导员、教职工带领学生共同提升应对能力。根据实际情况,结合不同时段的课程方案中小学的要求,采用课程渗透和地方课程实践相结合的方式,确保完成相关规定中的教学内容。

二、校园非常规状态事件类型

1. 自然灾害类

自然灾害是指能够给人类和人类赖以生存的环境造成破坏性影响的事件的总称,因其种类多、发生频率高、损失严重被人们熟知,如地震、冰雹、洪水、暴雨、雪灾等。自然灾害的特点归纳起来主要表现为以下几个方面:广泛性与区域性,不确定性和不重复性,不可避免性和严重性。此类事件极易引发次生灾害,如导致传染病流行等灾难的发生。

2. 政治事件类

某些国家通过思想渗透的方式,企图通过文化入侵干扰其他国家的发展,居心叵测。这些威胁也通过社会进一步影响到校园。不法分子通过网络将不稳定的思想渗透到校园内部,由于学生思想的不成熟性,极易被不法分子煽动及利用,为进一步激化非常规状态事件的发生埋下"炸弹"。

3. 公共卫生类

此类非常规状态事件包括学校内突发的群体性食物中毒、传染病疫情、群体性不明原因疾病;因疫苗接种、预防性服药引起的群体性心因性反应或其他不良反应;因校内外环境污染导致校内教职工、学生急性中毒等。面对此类传播速度快、传染面广、危害性大的突发事件,学校没有合理的应对措施,扩大了此类事件的影响力,从而引起了非常规状态事件的发生。

4. 制度管理类

该类事件的发生大多由于学校管理不当、学生的基本学习和生活情况得不到满足而引起,如浴室开放时间不合理、寝室过早断电断网、学杂费的收取不够透明等，从而激起了学生的不满及愤怒情绪，甚至引发罢课、抗议等非常规状态事件的发生。

5. 心理疾病类

学生正处在青春期，是价值观、道德观逐步形成的阶段。由于课业的负担繁重，心理压力得不到释放，加之一些事件的刺激，引发了非常规状态事件的发生。如发生离校出走、自残、自杀等伤害自己、伤害他人的事件。

第四节
校园非常规状态事件管理对策

一、完善校园安全检查与监督制度

在校园非常规状态事件的预警建设中，必须提前进行校园安全检查。信息至上、系统至上、管理至上、调查至上、"提前工作"是这类事件管理的首要原则。完善校园安全检查监督体系，建立职责明确的应急管理机构迫在眉睫。学校需要有一个常设的应急管理机构，配备专门人员来分析和研究非常规状态事件，并制订相应的预防计划。

应急管理机构建设由分管学校公共卫生安全的校领导负责，保卫处、学生处等各相关职能机构为成员。学校医疗机构的医务人员、心理专家和后勤保障人员是具体负责人，为二级机构，负责依据上级指示结合现场情况，制订具体措施并予以实施。将各院系班级的负责人作为三级机构，负责收集整理有关的现场问题和数据信息，并向上一级领导小组报告，接受并传达领导小组的指示，协助专业技术人员处理危机，并监测危机处理结果，并将结果向领导小组报告。

如果学校应急管理人员在日常工作中要改革涉及学生切身利益的制度，除了程序标准、公开透明之外，还必须及时听取学生的意见和建议，并设法解决。另外，学校应急管理机构应加强自身能力建设，学习国家出台的相关法律法规和政策信息，了解学生的日常行为，掌握学生的实时动态，及时解决学生提出的问题，防止不满情绪的累积，以免导致非常规状态事件的发生。同时，接受学生和教职工的监督，在危机面前迅速反应，合理处置，将此类事件的危害程度降低到最小。

二、建立健全师生参与管理责任制

开展安全宣传教育和应急培训演练工作，将"安全教育"的制订融合于学校的培养方案中，设定相应的必修学分，形成一个适当的课程体系，贯穿于学生的培养工作中，健全师生参与管理责任制。积极调动广大师生员工参与的积极性，模拟演练逃生避险情况，着力增强广大师生的安全意识、法制观念和防灾避险能力。学校配备的安全员和故障检测人员，要定期邀请专业人员对其进行培训及安全知识考核，培训及考核合格后方可持证上岗，使他们必须具备处置安全事故的基本技能和应变能力。对于存在的安全故障要做到早排查、早发现、早制止，及时采取有效措施消除安全隐患，防患于未然。

强化学校管理理念，加强宣传普及，开展应急管理培训，从而提高师生应急能力，明确师生共同参与的管理责任，非常规状态事件一旦发生，学校管理者必须具备解决突发事件的能力。由于处理非常规状态事件所需要的知识和技能在常规状态下往往较难获得，因此学校应定期开展相关校园非常规状态事件的应急演练，建立健全师生参与管理责任制，学校开展的应急培训应包括以下内容。

一是心理培训，主要是通过开展心理健康教育及应对紧张心理的训练，让学校师生处于逼真的非常规状态事件的情境下，做好预防此类事件和承受此类事件的心理准备，提高心理承受力。

二是知识培训，主要是通过传授如何识别、防范、处理危机等方面的科学知识，增强师生对影响学校和师生人身安全的非常规状态事件的威胁因素的识别和分析能力。

三是沟通培训，通过传授相关沟通策略和技巧，让师生掌握如何消除沟通障碍，如何在危机的巨大压力下进行有效的沟通，让师生意识到平时就与学生家长、政府、社区、媒体以及其他部门保持良好沟通的重要性。

三、加强信息建设及完善预防措施

1. 编写应急预案，定期开展应急演练，促进预防措施的完善

学校应组织应急管理者、专家、教师代表和学生骨干，对学校所处的地理环境、各场所设施、校园周边环境、现行的教育教学管理等进行实地考察，集思广益，全面梳理可能发生的非常规状态事件。建立健全应急预案体系，加强信息建设，做好预防措施。学校还应定期组织师生进行应急预案演练，认真总结、整改预案演练中出现的问题，通过演练反馈的有效信息，进一步指导和充实预案，达到既提高应急预案的可操作性，又提高师生应对突发事件能力的目的。

通过制订周密详细的非常规状态事件应急预案标准化程序，学校在处理公共卫生危机事件时会更加规范科学。此外学校要及时建立起应对非常规状态事件的物资储备机制，根据学校可能出现的非常规状态事件以及某些疾病发生规律适时适当地储备相应的医疗设备和药品，以保障学校在真正应对公共卫生危机事件时的紧急需要。

2. 加强学校非常规状态事件的监测预警，加大校园信息建设和安全保卫队伍建设力度

校园信息的流通性增强，能够将很大一部分危险因素提前处置，做到早发现、早预防、早解决。安全保卫队伍的建设对维护学校的安全稳定起着至关重要的作用。要壮大安保队伍，加强对突发事件的预警监测。对于校区比较分散、治安情况复杂的学校，要适当增加保卫人员数量。逐步提高和改善安保人员的待遇，优化安保队伍的人员组织结构，提高安保人员综合素质。

四、动员社会力量共同参与校园应急管理

建立社会、学校和家庭协同联动的安全教育体系，使安全教育不仅存在于学校的日常教育教学活动中，而且在全社会营造出安全教育的浓厚氛围。把课堂教育与课外教育两者有机结合，相互促进，逐步形成集安全教育、心理健康教育、法制教育、生命教育于一体的综合性安全教育体系，使安全意识观念深入到每个学生的心中，有效增强其安全防范

意识，确保校园安全环境的良性发展。

加大学校周边地区的安全隐患排查力度，完善协作机制。学校要积极主动争取地方党政机关的支持，进一步加强与学校周边社区、企事业单位、公安部门、消防部门、交通部门、城管部门等的沟通和联系，完善长效防范机制，定期开展联合整治行动，及时消除不安全、不和谐的因素。严厉打击危害学校师生生命财产安全的违法犯罪行为，加强校园周边地区市场监管力度，加强校园周边交通治安管理，净化校园周边环境，减少非常规状态事件的发生对学校的不良影响。

校园非常规状态事件的发生一般都与当地的社会环境密切相关，当非常规状态事件突发时，单纯依靠学校自身的力量来处理是不现实和不经济的，社会各力量共同应对才是最佳选择。学校需要结合应急预案的内容，建立一个以上级有关部门（如教育厅）为指导，以学校自身为核心，地方治安管理与消防部门、学生家长、社会媒体等多方参与的联动机制。动员社会力量共同参与校园应急管理，在突发事件当中，实时联系，共享信息，为学校研判突发事件形势和发展趋势提供准确的依据。

复习思考题

1. 校园非常规状态事件的主要类型及应对主体有哪些？
2. 加强校园非常规状态事件应急管理的意义是什么？
3. 校园非常规状态事件的管理对策有哪些？

参考文献

[1] 王畅.高校突发事件网络舆情传播演化研究[D].哈尔滨：哈尔滨工业大学，2016.

[2] 包丽.中职学校校园突发事件应急管理研究[J].考试与评价，2020（12）：111-112.

[3] 吴国玺，赵纪涛.基于公共安全的校园应急防控体系构

建[J]. 决策探索（下），2020（11）：77-78.

[4] 邱浩."平安校园"建设视角下高校安全管理体系构建研究[D]. 北京：中国人民公安大学，2020.

[5] 刘旭朝. 新时期加强小学校园安全管理的对策简析[J]. 课程教育研究，2020（27）：4-5.

[6] 赵玥，朱丽娟. 高校应急管理中的多元主体协同机制建设[J]. 文教资料，2020（18）：136-137+175.

[7] 修丽萍，吴晓凯，潘诚耀. 新媒体背景下高校学生工作突发事件处理对策探究[J]. 创新创业理论研究与实践，2020，3（5）：172-173.

[8] 郭伶俐，王认认. 校园突发事件应急社会动员机制研究[J]. 现代商贸工业，2019，40（5）：105-106.

[9] 王旭明. 高校突发事件应急管理体系的研究[J]. 当代教育实践与教学研究，2017（6）：119.

[10] 刘沂震. 高校辅导员在校园危机事件中的应对能力的提升探索[J]. 中国多媒体与网络教学学报（电子版），2017（3）：227.

[11] 于跃. 和谐校园视域下高校突发事件预防及对策研究[J]. 知识经济，2017（4）：143-145.

[12] 金月昌. 浅谈案例校园安全应急管理[J]. 教育现代化，2016，35（3）：236-237+244.

[13] 章洋. 高校突发公共事件的表征和管理问题[D]. 北京：北京邮电大学，2018.

[14] 范维澄，霍红，杨列勋，等."非常规突发事件应急管理研究"重大研究计划结题综述[J]. 中国科学基金，2018，32（3）：297-305.

第二章

非常规状态下的学生自我管理工作

第一节 校园管理不安全因素
第二节 学生自我管理
第三节 非常规状态下的学生自我管理

第一节
校园管理不安全因素

一、社会因素

社会环境是指人类生存及活动所需的社会物质和精神条件的总和。广义来说，是指我们所处的社会政治环境、经济环境、法制环境、科技环境、文化环境等社会经济文化的宏观因素；狭义来说，是指我们生活的家庭、劳动组织、学习条件和其他集体性社团等直接环境。虽然，人类活动会深刻地影响社会环境，但社会环境对人类的生存和发展也有重要的影响。当前，我国正处于经济转轨与社会转型的特殊时期，社会环境复杂多变，是各种社会矛盾的易发期和多发期。在这个意义上，校园非常规状态事件是社会转型时期不可避免的各类社会矛盾在校园生活中的集中反映。

与此同时，社会思想及环境的影响也加剧了校园管理的不安全因素。随着数字化时代的到来，学生可以更方便、快捷地获得更多的信息资讯。在一定程度上，可以拓宽学生的视野，增强他们对社会的了解。但是，在各种信息资讯中，不可避免地会混入不良思想或观点，如果长时间受到这类思想的影响，必定会在潜移默化中影响学生正确的价值取向，为校园非常规状态事件的发生埋下隐患。此外，还应对学校周围的环境进行检查规范，禁止黑网吧、游戏厅、桑拿房等开设在学校周围，杜绝不良侵蚀，从而避免相应的非常规状态事件的发生。

二、学校因素

学校的不安全因素也时刻影响着非常规状态事件的发生。学校的总体风险防控工作不足，风险管理文化有待改善，使得近些年来校园非常规状态事件时有发生，具体体现在以下几个方面。

1. 某些学校安全管理规章制度僵化

规章、条例、计划等虽能为学校在达成目标方面提供较大的帮助，但这些例行的计划、方案、规章及条例一旦制度化后，便会使得学校产生惰性而不寻求创新，甚至会使学校对外在环境的感应能力降低。外在环境急剧变化时，若学校既有的规则与工作程序不能回应此项挑战，反而可能因其所采取的措施而导致更严重的冲突。

同时，上级部门应严格落实相关规章制度，按严格的责罚制度进行管理。学校不依法履行学校安全监督管理职责的，由教育行政部门予以责令；构成犯罪的，由法律机关依法追究。对非常规状态事件的直接责任人员，由上级部门和所在单位视情节轻重，给予批评教育或者行政处分；构成犯罪的，依法追究其刑事责任。

2. 校园安全管理力度不够

学校中层管理干部大多是从基层优秀人才中选拔出来的，他们拥有丰富的实战经验与技巧，却可能缺乏一定的专业知识和管理能力。由于工作职责划分不清，出现责任感缺失。在校园安全管理当中，管理者没能真正落实相关的制度，导致管理章程徒有虚名，不能发挥管理制度的监督、约束和激励功能。在管理过程中，也出现干部和职工的工作积极性受到影响的情况，他们对学校管理的参与意识不强，工作上被动，学校整体工作效率需要提高。

3. 学校财务问题困扰

在市场经济大环境下，学校的资金是否充裕，财务制度是否健全，财务状况是否乐观以及毕业生和科研成果在市场是否具有竞争力，这些都会对学校的正常运转产生极大的影响。如：仪器设备不能及时更新，校舍得不到修葺，实验材料得不到补充，导致正常教学受到影响，人才培养质量下降，技术成果竞争力减弱，有的学校甚至出现拖欠教职员工工资现象，这些问题所导致的非常规状态事件时有发生。

三、学生因素

学生是学校的主体，在非常规状态事件中往往处于主动地位，引发非常规状态事件的学生层面的原因，既有不合理的成分又有合理的成分。虽然学生们已经在不同程度上接受了教育，但他们的人生观、价值观和思想认识并不够稳重、成熟，在非常规状态事件面前，如果没有足够冷静清醒的思考，做出的判断及行为很有可能对周围的人造成伤害，产生严重的后果。

1. 自负心和自尊心强

目前我国在校学生中独生子女较多，其普遍具有较强的自主意识，遇到问题处理不当时，易导致校园矛盾尖锐化。同时，学生知识来源的渠道拓宽，信息丰富，视野宽阔，在交流学习时以互动和合作方式为主，表现出较强的自信心。作为教师，应该用自己的专业技能引导学生，鼓励学生自主研究，自主探索，应该激励教师提高自己的业务能力，更好地为学生服务。

2. 敢于质疑传统

当代学生价值观的主流依然是积极、健康、向上、成长和发展的，绝大多数学生都有很强烈的为社会做贡献的意识，对自己的未来都非常关注，并力求为自己将来发展奠定良好的基础，在学习做人的过程中也出现了对价值观和人际关系处理的困惑，这些问题解决不好就会为非常规状态事件的发生埋下隐患。受时代的影响，相较之前，学生的价值观也发生着巨大的变化，面对多元文化的时代，教师应加强自身思想道德建设，用自身的优秀道德品质，推己及人，给学生做出道德榜样。

3. 维权意识增强

学生权益的维护，不仅是对学生个人，而且对学校、社会乃至国家都具有重要意义。学生一方面维护了自己的合法权益，争取了属于自己的合理利益；另一方面通过权益的维护，掌握了合法的维权途径和方式，从而增强了学生的法律意识。这就要求学校重视学生的意见，正确引导学生群体的舆论，建立相应的社团、学生会、学生自律委员会等学生组织。

作为消费者，学生同样享受着消费者的权益，包括学校的教育和教学设施的使用权；图书馆书籍和期刊的借阅权；有权按照国家有关规定获得奖学金、助学贷款或助学金。但是，当学生的合法权益得不到有效保护，甚至受到侵犯时，学生可能会采取强烈的抵制态度进行抗争，使得学校的正常运转受到影响，在广大学生、家长乃至社会中造成恶劣的影响。

案例链接：某高校发生火灾

2008年某日早晨6时10分左右，某高校一学生宿舍楼发生火灾，火势迅速蔓延导致烟火过大，在消防队员赶到之前4名女生从6楼宿舍阳台跳楼逃生，不幸全部遇难。初步判断火灾事故是由宿舍里使用"热得快"引发电器故障，并将周围可燃物引燃所致。

近些年来，校园安全事件频发，特别是在高校里，由于使用违章电器，特别是使用"热得快"所引起的火灾非常多见。校园安全事件也不仅仅局限于高校，类似的事件也在小学和中学出现过。

这起事件给宿舍安全管理，特别是防火安全管理敲响了警钟。学生宿舍是一个集体场所，是一个人口密度极大的聚居地，任何一场火灾都可能造成严重后果，带来无可挽回的财产损失和人身伤害。为了住宿同学的生命财产安全，宿舍内严禁使用违章电器、劣质电器及其他危害公共安全、不适宜在集体宿舍内使用的大功率电器。

在火灾发生初期，在最佳的逃生时间内未能及时逃生，而选择从窗跳出，体现了学生逃生技巧非常匮乏，缺乏消防安全知识、逃生技能等方面的教育，没有引起学校足够的重视。学生危机意识不够，没有主动去关注、了解和学习消防安全知识。

第二节
学生自我管理

对自我管理的分析，我国学者方卫渤和肖培在《管理自己》一书中有过专门的论述，他们认为："自我管理是指处在一定社会关系中的人，为实现个人目标，有效地调动自身能动性，规划和控制自己的行动，训练和发展自己的思维，完善和调解自己的心理活动的自我认识、自我评价、自我开发、自我教育和自我控制的完整活动的过程。"

在学者蒋国勇看来，自我管理意味着处于某种社会关系中的人们可以有效地调动自己的主动性、计划和控制自己的行为、训练和发展自己的思想、完善和调节自己的心理活动的自我认识、自我评价、自我教育和自我控制的完整过程的总合。而学者朱合理通过对自我管理的主要特征进行分析指出，自我管理就是自己把自己组织起来，自己管理自己，自己约束自己，自己激励自己，自己既是管理的主体，又是管理的客体。他认为："自我管理就是指个人进行自我管理，包括自己的目标、理想、心理和行为。"

根据以上定义，我们可以归纳出在学生层面，学生自我管理的概念，即学生在国家教育、学校培养、教育者指导下，充分发挥自身的主观能动性，积极、主动、自觉地开发潜能，规范言行，调控与完善心理活动的实践过程，也是学生自我学习、自我教育、自我成长的一种具体的实践活动。

一、学生自我管理的原则

1. 主体性原则

学生是班级的主体。他们也是班级教育和管理的对象，是主体和客体的统一。学生主体是其自身发展和变化的内在原因。他人的教育、管理和所有其他外部需求必须转变为他们自己的内部需求，遵循主体性原则是学生自我管理的首要条件。

在教育管理活动中必须始终以学生为主体，积极创造条件，如提供尽可能多的机会，创造尽可能丰富的激励条件，营造尽可能好的气氛，使学生发展自我教育和自我管理。学生可以创建一个自我教育和自我管理的实践平台，以满足他们作为班级一分子的需求。学校应牢固树立以人为本、全面发展、服务于学生的意识，为真正提高引导学生发展自我教育和自我管理的针对性、科学性和有效性，教师必须了解学生的思想动向和情绪爱好，加强师生之间的沟通和理解，要从班级和学生的实际出发，从发展的需要出发，努力建立以学生为主体的、真正有效的学生自我管理实践。

2. 活动性原则

个体的道德、知识、情感、意图和行为主要是在与他人的联合活动中形成和发展的，同时，又在实际活动中受到测试和评价。因此，活动是实施学生自我管理必不可少的平台。

所谓活动性原则，是指学校在德育过程中牢固树立积极的德育观念，尊重学生在活动中的主体地位，积极组织并开展学生自我管理活动，指导学生独立设计、组织、参与活动。通过自我体验的方式使之能够有效统一起来，并有效地激发和促进道德需求，从而继续向更高的需求水平发展。教师还是其活动的合作者、指导者和促进者，以便将教师和学生的角色有机地统一起来。

3. 激励性原则

作为一种教育和教学手段，激励为教师和学生创造了民主、平等、和谐的教学氛围。及时、充分和恰当地鼓励学生，往往会产生教育和教学的乘数效应。从心理学和管理学角度来看，激励是激发人们动机的心理过程。通过激励，人们在某些内部或外部刺激的影响下，始终保持兴奋状态，从而形成并提供了将个人动机转化为行为所需的动力，使人们能够持续地自觉行动，发挥自己的潜力，并努力工作，完成目标。

4. 民主性原则

民主是确保教师和学生能够共同完成教育管理任务的黏合剂，并且是激发师生主动性和创造力的催化剂。

所谓民主性原则，是从班级和学生的实际需求出发，努力调动学生的积极性、主动性和凝聚力，使学生主动管理、自我管理、积极管理，真正成为自我教育的主人。促进学生的自我教育和自我管理，发展、提高能力和素质，培养学生的主人翁意识、民主意识、独立性、创造性，对于建立民主的师生关系具有重要意义。

二、学生自我管理的特点

1. 自我管理强调培养学生独立自主的能力

自我管理强调个体的自主性与独立性，它将行为从外控的方式改为借由个体认知的历程,自我调适的终极目的在于系统地改变个体的认知,从而使个体的行为发生变化。对非常规状态事件下的学生自我管理来说,自我管理与其他教育方式的最大不同在于"自我"两个字。观察某种行为,要学生自己去;记录某种行为,也要学生自己去做;甚至强化自己好的行为,也要把强化的权利交给学生本人。也就是说,自我管理强调的是培养学生的独立自主能力。

2. 自我管理可应用于广泛的学生群体

自我管理的优点是显而易见的。首先在于它的灵活性。这种程序很容易根据不同的学生、行为和场所进行调整,它也很容易贯穿到教导的不同内容、不同目标、不同场所当中,并可随时运用。其次是不同能力的人都能学习自我管理的技能,对学生群体的负责人来说,培养学生的良好应对素养和面对突发事件的良好心理素质是最终目的。自我管理训练方法所提供的、以学生为基础的积极干预技术,能够用于改善学生各种各样的行为,这些程序将管理行为的责任从教导者转移到行为者本人,可用在各种自然环境中,帮助学生更好地进行发展与学习。

3. 自我管理可以应用于各类行为问题

自我管理的应用很广泛,它可以解决各类行为问题。对于学生来说,自我管理是帮助他们进行更好的群体生活、适应发展的一种必备技能。有研究发现,有效地使用自我管理技术,如自我监督、自我强化、自我指导等,可以成功地减少学生的某些不良行为。

三、学生自我管理的内容

随着我国教育改革的不断深化,学生的整体素质也产生了很大变化。与此同时,也要求学校更新教育管理的理念,制订能够提高学生自身素质,并加强学生自我管理的策略,这也是加强学生自我管理的前提。

学生应充分发挥学校官方微信公众号、校园网、校园广播、讲座等宣传阵地的作用,通过多种渠道了解有关校园非常规状态事件的安全知识。学校应在教学计划中设定校园公共卫生安全教育的课程,并开展校园突发事件的安全教育活动和应急知识技能培训,努力提高师生的安全意识和应对校园非常规事件的能力。同时,每年有计划地组织针对食物中毒、意外伤害和传染病等非常规事件的应急演练，并对问题进行认真的搜索、分析和总结，不断积累应对此类事件的经验从而提高学校的管理水平。

1. 集体活动是加强学生自我管理的重要载体

集体活动是培养学生自我管理的最佳方式，通过学生自发组织的以提升学生自我管理能力为目的的集体活动，在共同的活动目标下，将所有学生都组织起来，不仅培养了学生的团结精神，同时深化了学生间的交流和集体观念，促进了学生的自我教育，具体方式包括以下几点。

（1）建立健全班级集体学生干部管理制度　班级集体学生干部是集体学生管理的重要力量。在教师的指导下，班级成员相互配合，共同管理学生事务，开展各种形式的活动，不仅消除了新生不知所措的困惑，而且培养了学生的自我管理能力。班级集体学生干部可以通过选举的方式产生，从而提高学生的参与热情。班级集体学生干部管理制度不仅锻炼了学生的集体管理能力，而且增进了班集体的团结性，提高了学生的自我管理能力。

（2）学生组织及社团活动是加强自我管理的重要平台　一个好的平台可以培养学生在各种学生组织及社团活动中自我管理的能力。各种学生组织及社团活动主要是为了培养学生的实践能力和爱好，同时也是为了增强学生的自我管理能力。通过参加各种活动来提高学生的自我设计、组织、管理和协调能力，并鼓励学生积极参加各种社团组织，使学生获得成就感和自信心。通过活动的开展，逐步培养学生良好的品德，提高学生的领导能力和组织能力，提高学生的综合分析能力。

（3）充分运用互联网加强学生自我管理能力的培养　通过建立以辅导员或管理人员为负责人，以互联网为平台的班级 QQ 群、班级微信群、班级微博等，可以将思想政治教育的课堂扩展到互联网，建立在线虚拟社区，充分加强师生之间的沟通，利用数字信息时代互联网的信息资源加强学生自我管理能力的培养。

2. 社会实践活动是加强学生自我管理的重要途径

由于学生在校时间较长，受社会现实因素的影响较小，各种想法尚未得到现实的检验。学生所看到、所思考的内容受到自身社会经验的限制，并且由于学生的想法与现实之间存在差距，进入校园后，学校的教育本身也受到实际因素的影响，因此社会实践活动是将学生的思想与现实联系起来的最好方法之一。通过学校开展的各种社会实践活动，有助于纠正学生的错误思想，使他们与社会和现实联系起来，缩短理想与现实之间的差距。

社会实践是学生理论知识的转化和扩展，可以增强利用知识解决实际问题的能力。学生将课堂学习作为接受知识的主要方法，但是这些理论知识并不代表学生的实际技能，通常很难直接将其应用到现实生活中。社会实践可以拉近学生与大自然的关系，主动获得大量的感知知识和众多未涉及的新知识。同时，社会实践活动使学生能够将理论知识与他们所面临的实际问题进行比较，并逐步转变为用抽象的理论知识识别和解决实际问题的能力。

学生自我管理能力的发展是多方面长期共同努力的结果。除了学生的自我效能外，家庭、学校和社会在学生自我管理能力的发展中也起着举足轻重的作用。这就要求在正确指导和教育的同时，更有必要从学生的角度看问题。教育是以培养学生的自我学习意识和能力为目标，当学生基本具备相应的自我管理能力时，我们需要对这一群体有一个正确的认识。既要重视家庭教育、学校教育和社会教育，又要充分发挥学生个体的作用，从而促进学生的全面发展。

 山西医科大学自律委员会介绍

随着当前学生社团的蓬勃发展，国内的专家学者们从各角度、各方面对学生自我团队建设与管理进行了研究和论述，学者陈一星提出要在学生培养中引入团队建设理论的观点，指出学生团队教育应本着"以人为本"的原则，系统应用激励约束、挫折训练等方法，从理论和实践等方面培养学生的团队精神。

山西医科大学自律委员会为校学生委员会分支,由校团委领导和指导,成立于1999年3月31号,至今已有13届,成员人数为100～150人,各部职责分别如下。信息反馈部:主要负责团队活动前期的策划、信息通知和后期的总结等工作。精神文明监督大队:大队长领导下属的四个岗,主要负责具体活动的安排和实施。校园岗:定期对校园进行文明督察,发现并解除各类校园安全隐患,保障学校各项大型学生活动的安全,及时向学校保卫处反馈各种安全信息。餐厅岗:一是定期对学校餐厅的后厨进行检查,保证学校食品安全;二是用餐高峰时疏导学生流,维持用餐秩序。宿舍岗:不定期对宿舍卫生进行抽查,开展文明宿舍的评比,配合保卫处、教师对宿舍的安全隐患进行排查。社区服务岗:主要负责帮扶校园周边的孤寡留巢老人和组织社区卫生清理工作,帮助协调学生与周边居民的关系。

(来源:《中国电力教育》)

第三节
非常规状态下的学生自我管理

一、学生积极参加自我管理活动

学生群体可以通过申请与校园管理部门合办等方式设立各式各样的社团组织,开展丰富的自我管理活动,吸引学生的注意力、调动学生的积极性、提高学生的参与度,使学生自我管理的意识得到提升,在此过程中,也有利于展示自身优点,实现自身价值。

学生还可以通过积极参加各类实践活动提升自身能力。比如"三下乡"志愿活动、各级各类比赛活动、学生运动会等,增强自身的责任感、荣誉感和归属感,每个学生都能亲力亲为,都能在团队活动中得到成长,为团体利益贡献自己的力量。

二、发挥学生"意见领袖"的舆论影响力

当今时代互联网的发展日新月异,区别于传统的校园非常规状态事件,面对网络事件和政治类等校园非常规状态事件时,学生的反应往往比学校更迅速、及时,以往的处理流程可能不再适用。因此当面对此类非常规状态事件时,尤其是高校中,学生应推选"意见领袖"进行意见表达、诉求汇总,发挥"学生意见领袖"独特的舆论影响力。

"学生意见领袖"作为学生团体发言人,要具备一定的判断力、组织能力与号召力,能够保证意见的合理性与可行性,推动形成"学校—辅导员—学生"之间的科学反馈链条,确保在发生校园非常规状态事件时发挥学生独特的信息收集与处理作用。

复旦大学适应"一校多区"学生管理形态,构建多区互动的校园文化氛围(节选）

随着通识教育的不断深入和"一校多区"校园格局的形成,复旦大学积极调整和创新学生教育管理模式,深入挖掘学生生活园区建设内涵,初步形成了四校区联动的工作局面。

一、推行"大园区"管理理念

园区建设重在全覆盖,园区学生事务办公室通过楼长大会和园区团学骨干会议实现校区间的联动。自 2006 年起,园区在总楼委、分楼委架构的基础上,指导各校区所有居住有本科生的宿舍楼设立楼长,并建立楼长联席大会制度,定期召开全校性的本科生楼长大会,讨论与学生切身利益相关的园区事务,解决园区阶段性重大问题。如 2007 年上半年通过楼长大会颁布了《本科学生生活园区文明公约》,下半年又在楼长大会上讨论通过了《关于〈复旦大学学生生活园区住宿管理条例(试行)〉的修改意见建议》。楼长大会不仅健全了各校区楼委的组织体系,完善了园区和楼委的制度化建设,也加强了不同校区楼长间的交流,使"大园区"概念深入人心。园区团学骨干会议则

定期在不同校区召开，旨在讨论各个阶段园区团学工作的计划，增进学生骨干对各园区情况的了解，推动多园区文化互动和资源共享。

二、贯彻教育理念，充实园区建设内涵

园区既是学生的家园，也是大学思想文化建设的一个阵地，还是学生进行学习交流、开展积极人际互动的重要场所。因此，各园区注重从以下几个方面深化建设内涵。

1. 营造人文关怀的家园氛围

园区着力为学生创造温馨、舒适的生活环境，通过志愿者公益行动、爱心公益站、慈善文化周和《风景线》《西苑枫情》等载体积极弘扬人文关怀，营造关爱和谐的园区氛围。2007年，体育场寄存包、生活短信温馨提醒、园区安全公益行动等活动在各园区广受欢迎；第四届慈善文化周将关爱氛围推向高潮；《风景线》第20期争鸣版通过正反方讨论引导学生重视人际交往，共建和谐。

2. 推动民主规范的管理风尚

园区举行楼委工作推进会，通过民主程序选举楼委组织，通过楼长大会审议有关学生切身利益的重要议题，充分尊重学生参与园区管理的权利，发扬学生的民主意识。团工委学生利益监督中心、西苑园委会生活调研部和张江学生生活园区伙管会则积极发挥对园区管理服务工作的监督职能，近年来学生提出的园区饮用水、管理督导员工作时间、西苑食堂改建、张江食堂食品供应品种等20多件与学生生活息息相关的民主提案得到了采纳和落实。

3. 倡导环保节约的生活方式

学校着力建设节约型园区，向学生倡导积极向上、节约环保的生活方式。张江校区团工委总楼委发动学生回收饮料瓶、报纸和废弃包装纸盒等，并由楼内的党（团）支部轮流负责整理出售，两年来，获得楼内建设基金近万元，极大地方便了购置洗手液、打气筒等公用物品的需要。南（东）苑学生生活园区由学生自发成立了"节能卫士"志愿者小队,致力于消灭公共区域"灯长明"现象,并积极开展节能宣传。毕业生离校期间,各校区学生生活园区还组织"毕业生二手市场"活动。

(来源:中华人民共和国教育部网站)

思考:1. 学校管理可以从哪些方面入手?

2. 学生在校园管理中起到什么作用?可以有哪些作为?

 复习思考题

1. 导致校园非常规状态事件发生的危险因素有哪些?
2. 学生自我管理有哪些特点?
3. 面对校园非常规状态事件学生该如何自我保护?

 参考文献

[1] 黄冬福. 高校突发事件思想政治教育疏导研究 [D]. 福建:福建师范大学,2014.

[2] 贺建兰. 高校师生冲突及应对研究 [D]. 南京:南京大学,2014.

[3] 王茜. 高校突发事件应急管理现状与对策研究 [J]. 吉林广播电视大学学报,2017(12):87-88.

[4] 吴頔. 思想政治教育视角下高校突发性群体事件研究 [D]. 南京:南京理工大学,2013.

[5] 杨蓉. 学生自我管理模式在高等教育管理的应用探讨 [J]. 延边教育学院学报,2017,31(4):22-24.

[6] 李军. 我国高职学生自我管理能力的影响因素及策略研究 [D]. 南昌:南昌大学,2016.

[7] 伍爱春,孙兰欣. 基于团队建设的高职学生自我管理体

系构建[J]. 经济师,2013(2): 148-149.

[8] 郭婧,杨薇,邵宝健. 学生自我管理的构成要素及原则[J]. 教学与管理,2010(24): 43-44.

[9] 施宏波,殷桂萍,燕燕. 学生自我管理团队应对高校突发事件的实证研究[J]. 中国电力教育,2013(4): 198-199.

第三章 非常规状态下的教育教学工作

第一节　校园教育工作承担者的职责
第二节　非常规状态下的教师责任
第三节　校园非常规状态下的学生配合工作
第四节　校园军训管理工作

第一节
校园教育工作承担者的职责

一、辅导员（班主任）

学校中辅导员（班主任）在教育教学中扮演重要的角色，非常规状态事件具有突发性和意外性，因此必须建立完善的应对机制，根据具体情况制订适合的方案，并且准确及时地积极应对。面对非常规状态事件，辅导员（班主任）要快速做出反应，在上级部门的领导下，准确无误地开展工作，在事件解决后，尽可能地降低该事件对学校的负面影响，同时要总结经验教训，避免以后此类事件的发生。同时完善事件发生后的处理机制，把非常规状态事件带来的损失和负面影响尽可能降为零。

辅导员（班主任）必须在思想上培养成就感，深刻理解自己工作的重要性，才能全心全意为学生服务。换言之，辅导员（班主任）必须处理与学生有关的所有事务。只要是学生的事，就是辅导员（班主任）的事，包括但不限于思想上引领学生、学习上指导学生、生活上关心学生、就业上帮助学生。当非常规状态事件发生后，辅导员（班主任）应尽快出现在事件现场，能够在第一时间控制和消除紧急情况对学生的危害，维护校园正常秩序，保护学生的身心健康和生命安全，创造良好的教育环境。

辅导员（班主任）在校园非常规状态事件中应该具备应急能力。学生处于紧急情况和非常规状态的情况有很多，并且原因复杂，爆发突然，传播迅速，破坏力强，影响力广。当辅导员（班主任）面对复杂多变的紧急情况时，随时都可能有各种不可预测的情况发生。这就要求辅导员（班主任）必须坚持以人为本、教育优先的基本原则，更加人性化。一方面，重点提高辅导员（班主任）面对非常规状态事件的应对能力和处理能力，加强对非常规状态事件设定应对流程的研究；另一方面，辅导员（班主任）观察应细致入微，不放过蛛丝马迹，并应充分注意非常规状态事件的可能影响。

二、各学科教师

由于社会经验、知识能力和资源配置的限制，学生在学习和生活中不可避免地会产生困惑和负面情绪。这种情况，对教育工作者提出了更高的要求。教师不仅要在专业知识上有所建树，更要在思想道德领域有所深入，在与学生交流沟通的过程当中，积极引导他们的思想和行为。以 2020 年新型冠状病毒肺炎的校园防控为例，一线教师与学生群体接触密切，做好自身防护才能更好地维护学生的健康。疫情防控下的校园管理，应当始终把学生的生命安全放在第一位，严防死守，杜绝病毒的传播。学生提交返校申请后还应做好个人核酸检测和医疗隔离，学校实行封校制度，非必要不出校。教师进出校门要进行身份核验，出示行程码和健康码之后方可通行，建议采用乘坐私家车、校车等方式通勤，降低病毒传播风险，全校师生共同努力，齐心协力打好疫情防控阻击战。

三、心理辅导老师

为了防止校园内发生非常规状态事件，学校教育不仅要注重对学生知识的传授和综合素质的培养，还要密切注意学生的心理情况，如喜悦、愤怒、悲伤、幸福等情感反应，并做到充分利用学校的思想政治老师、辅导员（班主任）、心理学老师、宿舍管理员和学生干部等人力资源，为学生的消极情绪提供科学及时的指导。可采取以下方法：①转化法。当学生极度矛盾、痛苦和不平衡时，应结合实际情况提供实用的建议，以转移其注意力，例如进行体育锻炼、外出郊游等，以放松心情。②宣泄法。如果学生的负面情绪可以正常释放，他们通常不会失去对情绪的控制。沮丧的学生可以与家人、朋友、老师等可信赖的人交谈，说出自己的内心感受，获得他人的安慰和指导，可以在一定程度上缓解沮丧的情绪。

心理辅导老师应高度关注学生的思想动态，并对其进行心理调查与访谈，从根源上纠正学生的危险思想。心理辅导老师还可以利用心理学知识对相关人员进行心理干预，以最大程度地减少负面的心理影响。心理学可以干预和帮助相关的学生解决心理危机，并从专业的角度指导学生如何摆脱心理阴影，纠正过激的思维和行为。

四、其他

面对非常规状态事件的发生，学校在处理过程中，应当始终把学生的利益放在首位，学生的利益诉求得到回应，相关的问题才会得以解决，非常规状态事件的不良影响才会得以降低。学校作为教书育人的机构，与学生的生活紧密相关，涉及学生的各个方面，因此简单的回应或敷衍的态度极易引起学生的不良情绪，从而引发更大的事端。学校只有深入学生之中，了解学生所思、所想、所求，才能及时解决问题，将问题扼杀在摇篮之中。

学生在反映相关问题、争取个人利益之际，都处于非常弱势的位置，学生很难参与到与学生相关事件的决策中，信息反馈系统不流畅，反应诉求渠道不畅通，导致学生有话难言，只能采取极端形式争取自己的利益和话语权。为杜绝此类事件的发生，首先学校应做好信息的公开化，透明化。让学生更多参与到相关事件的决策当中，利益相关方的讨论可以使决策更加公平公正。其次拓宽、规范利益诉求渠道。增设校长邮箱、校长意见箱，对师生提出的问题做出及时的反馈；定时召开师生座谈会，引导学生畅所欲言，为学校的建设建言献策。

第二节
非常规状态下的教师责任

一、教师的工作职责

教师要积极有效地处理学生群体当中发生的非常规状态事件。以良好的价值观为指导，建立健康的价值观。当前，从培养社会主义事业接班人的战略高度以及全面提高学校学生思想道德素养和科学文化素质的基本要求来看，如何帮助学生树立正确的价值观、形成正确的价值取向,如何让学生处理好政治方向、思想认识和心理品质等不同层面的问题,是教育界必须面对的现实课题和重要课题。互联网技术的飞速发展和广泛应用,特别是进入数字信息时代以来,学生获取信息的渠道日益增多,信息量逐渐增大,这个鱼龙混杂的信息海洋,不仅增加了学生辨别是非和做出正确行为选择的复杂性,也增加了教师指导学生的难度。

教师应加强思想道德建设,通过思想政治引导,解决学生之间的矛盾。一方面,要从大局出发,引导学生牢固树立中国特色社会主义的共同理想,充分调动一切积极因素解决问题,尽可能克服负面因素,努力转消极因素为积极因素;另一方面,坚持以人为本,具体问题具体分析,根据年龄、性别等不同因素进行分层指导,对学生进行有针对性的思想指导工作,逐步消除学生心中的疑惑,降低非常规状态事件发生的概率。

同时,对教师及相关工作人员提出了更高的要求,教师应具有较高的教育认识、严谨的工作态度、完备的知识素养,在处理突发事件时应做到情绪的自控性、上报的及时性、沟通的科学性、决策的果断性、评估的全面性以及教育的适时性。事后及时进行沟通与反思,总结经验与教训,使学生从中认识到问题所在,促进校园环境的和谐。

二、教师的工作原则

面对校园紧急事件和非常规状态事件的出现,教师应引导学生及时发泄不良情绪。学校思想政治教育工作者必须具有较高的情商,能够积极引导学生的不良情绪,及时化解负面情绪,以自身的乐观态度和幽默情趣缓解学生的焦虑情绪。

1. 对学生有足够的爱与尊重

爱是教育的灵魂。具体到每个学生而言,尊重比热爱更胜一筹。由于尊重学生,学生可以感受到师生的平等,才能够敞开心扉与老师沟通交流。缺乏尊重与被重视,会使学生陷入情绪的低谷,逐渐怀疑、反思自己,缺乏积极向上的动力。因此,教师应做到给予学生足够的爱与尊重,给学生积极的暗示与肯定,并采取方法来肯定和欣赏学生,体谅学生、宽容学生,避免学生产生不良情绪,从而为非常规状态事件埋下导火索。

2. 具体问题具体分析

师生之间的差异体现在年龄、价值观、生活观等方面的差异。学生处在价值观、道德观逐渐形成的时期，每个学生都有不同的家庭背景和性格差异，极易受不同思想的影响，导致与学校、老师之间发生冲突，从而导致非常规状态事件的发生。只有对具体学生的具体问题做出具体分析，才能在突发关头降低损失，减少冲突。

3. 处理方法适宜

很多校园非常规状态事件的矛盾激化和冲突是由于教师的某些或某句语言失控或行为失控。教师在非常规状态事件中起着决定性的作用，在处理紧急事件和非常规状态事件时，教师必须从全局出发，牢记教师的责任，善于控制情绪，适当合理地解决冲突，加强教师的道德操守，成为他人的好榜样，并在学生心中树立好老师和乐于助人的朋友形象。

三、校园非常规状态事件下教师的处置办法

面对校园非常规状态事件，学校肩负着一系列重要责任，例如保护所有师生的人身和财产安全，维护校园稳定和最大程度地减少学校损失。学校应当把保护全体师生的人身和财产安全以及全体师生的切身利益放在首位。这是学校处理突发事件的主要原则，也是学校安全工作的要求。在此基础上，教师应配合学校做好以下工作。

1. 转移学生注意力

注意力转移法是将学生的注意力从引起不良情绪反应的刺激条件中转移出来，转移到一个相对宽松、柔和的情境中或者引导学生从事其他活动的调节方法。学生心情不佳时，应立即引导其将注意力转移到他们感兴趣的事情上，例如组织足球、篮球联赛，户外团体活动，主题教育活动，主题团体日活动等。除了注意力转移法，还可以运用语言暗示法，即教师可以用积极正面的语言对学生进行指导和暗示，来调节和放松学生心理的紧张状态。如组织班级心理健康主题班会，利用演讲或集体交流的机会，让学生交流探讨如何控制约束自身不良情绪，如何"制

怒""镇定",如何"三思而后行"等。通过言语的正面引导和暗示,影响和调控学生情绪,使学生们能够松弛过分紧张的神经,同时也可以起到激励的作用。

2. 注重人文关怀

人文关怀的管理理念应贯穿于学校建设发展的全过程,而不应该仅仅局限于非常规状态事件的管理。在日常的具体工作中,学校应时刻强调人文关怀的重要性,在对校风、校训的建设中融入对学生的关注,增加人文关怀的因素。教师应严格遵守学校的规章制度,从自身做起,换位思考,理解学生的难处,回应学生的提问,处理学生的问题,同学生进行友好的沟通,从而大大减少非常规状态事件的发生。此外,学校还可以同社会传媒、大众媒体进行合作,宣传学校优良朴实的学风,加强对校园文化的建设,于无声处影响学生的道德养成。

3. 加大心理宣传和心理辅导的力度

开学初,几节全面细致的主题教育班会课是必不可少的,也是有十分重要意义的,教师通过主题教育班会课向学生详细介绍非常规状态事件的防控措施,让学生从思想上高度重视,在行动上严格执行。

四、非常规状态事件下教师工作的意义

校园非常规状态事件的预防及有效解决依赖于学校、院系和班级负责人等多方面力量的共同协调与配合,此外,还仰仗社会力量的关怀与帮助,尤其是社会大环境的日益完善与和谐。作为一名教师应以积极的心态来预防和处理非常规状态事件,为学生的成长和成才服务。

教师应对学校非常规状态事件的工作是学校安全发展的重要组成部分,对于维护学校正常的学习、生活秩序起着至关重要的作用。学校的正常秩序一旦被破坏,会带动整个社会的冲突,校园状态的不稳定极易扩大局势,造成社会的不稳定。教师对突发事件的应急处理,直接影响整个学校在社会上的声誉。同时,学生具有强烈的自我意识,价值观还具有波动性,受社会思潮的影响极大,易被不良信息左右,

教师加强对学生的思想政治引导，一定程度上可以降低非常规状态事件的发生概率。

 湖北宣恩：校园遭暴雨侵袭　教职工有序自救

中国新闻网湖北新闻7月1日电（胡慧芳），"我们将多方筹措资金支持校园围墙维修，学校要迅速实施校园抢险项目，确保校园安全"。6月30日，恩施州教育局党组书记、局长严斌走进宣恩县长潭河侗族乡诺西小学，现场解决校园抢险事宜。

宣恩县长潭河侗族乡诺西小学是一所村级完小，服务周边长潭河侗族乡诺西村，现有学生180余人，教职员工18人。6月28日，暴雨袭击宣恩县，雨量太大，泄水的涵洞无法排除过大的水量，洪水冲垮了诺西小学的围墙22米，浑浊的泥水冲进教师办公室、厨房等场所，水深20多厘米，淹没了师生的书籍、食堂设备、工作学习用品等，还有75米的围墙也出现裂口。面对突发的灾情，诺西小学全体教师按照安全防汛要求，迅速启动应急预案，教师们积极开展自救，确保校园安全。

"学校的淤泥清理得怎么样了？还需要我们协调解决哪些问题？"一到校门口，严斌就关切地询问。据了解，当日，严斌带着恩施州教育局、宣恩县教育局相关人员克服路面施工拥堵、沙石堆积、滑坡阻挡等困难，经过2个小时的时间抵达诺西小学，指导学校开展防汛抗灾工作。一到学校就立即行动，在泥泞中勘察地形，查看围墙受损情况，询问学校受灾情况，预算维修资金。在详细调研后，严斌还和长潭河侗族乡党委、驻地尖刀班一起深入剖析洪水肆虐的原因，研判信息、共同商讨救灾方案；并就校园安全建立长效机制、排查一切安全隐患等问题做了强调；同时现场筹措资金支持诺西小学的校园围墙修复和加固。

在慰问该校教职员工时，严斌和教师们就什么样的老师是好老师,好老师的标准是什么,什么样的学校才是一所好学校,学校怎样从各个方面去满足家长的期望值,如何做好控辍保学,学校应该怎样让后勤人员、安保人员有归属感等问题进行了深刻的交流。

"洪水冲进校园的时候我们全体老师都在,当时有点害怕,但是大家迅速冷静下来,开始有序地进行各种自救,这两天,村、乡、县、州的领导都来看望我们,并现场解决了学校面临的困难,一所学校即使有再好的硬件设备,如果教师的精神面貌不好,那也不能称之为好学校。虽然我们目前有一些困难,但领导关心我们,这种惦记温暖人心,我们学校的教师团队也自立自强,还怕什么艰难险阻?我们还要把我们得到的这份温暖传递给孩子们……"诺西小学 90 后教师谭秋华一边在炙阳下晾晒被洪水浸湿的书籍,一边感动地说。

(来源:中国新闻网)

第三节
校园非常规状态下的学生配合工作

一、服从教师相关教学安排

学生应在应急能力的自我管理过程中,建立起较强的实用性和应急能力训练体系,形成合理的自我管理结构。学校要培养学生多方面的能力,而不单单强调知识技能的学习,也要突出综合素质能力。结合数字信息时代新的发展方向,有必要将崭新的"大校园安全理念"和多媒体、多学科视角结合,来扩展校园危机教育与管理的研究和实际应用。

在发生突发事件和非常规情况时,学生必须配合教师和学校管理机构的相关教学安排,以最大程度地调动学校中重要的学生资源,以有效地预防、减少、控制并处理校园内的非常规状态紧急情况。学生安全管理作为校园安全管理中最活跃的因素之一,对学校和校园的整体安全具有重要意义。为了从根本上提高校园安全管理水平，学生的积极配合更能使非常规状态事件下的校园更快恢复正常秩序。

　　班级管理一直以来都是一项繁杂琐碎而又艰难漫长的工作，在发生校园非常规状态事件期间更是需要服从学校的安排才能够做好这项复杂的工作。细致的班级管理措施、密切有效的教师团队协作和师生联合齐抓共管等一系列措施，以及在班级管理过程中班主任的灵活运用和变通，根据实际情况及时调整，因地因时变化，才能够确保学校和班级各项工作高效有序开展。

二、提高自我管理思想意识

　　学生必须正确理解校园安全对学校发展的重要性，主动学习近年来发生在校园的非常规事件的案例，正确树立自我管理意识。学生不仅是校园安全文化的受益者，也是校园安全文化的主体，学生应充分发挥自己的积极性，参与校园安全文化建设，以提高自我管理意识。学生应在学校、教师的引导下自愿参加校园安全维护工作，学习校园安全文化，熟悉校园安全现状。在动员学生参与校园安全文化建设时，校园安全保障部门要注意保护学生的安全，同时提供适当的业务指导，使有专长的学生发展自己的专业知识并做出贡献。

第四节
校园军训管理工作

　　军训是对学生进行政治思想教育的重要载体，通过进行完善的军训活动，可以培养学生的爱国主义精神，让学生受到革命英雄主义的熏陶，充分认识到集体主义的重要意义。随着全国高校扩招与军队精简裁军，现役军人的减少与军队训练任务的冲突很难满足学校军训工作的需求。近年来，高校自主军训模式流传较广，这种以现役军人为指导，以退役大学生为主体，充分利用学生教官的军训模式，不但达到了预期军训效果，而且为学生的自我教育和管理搭建了平台，拓展了学校全过程、全方位育人的外延与内涵。

一、校园军训的内容

军训是通过系统的思政教育觉醒学生的爱国意识，通过严格的军事训练培养学生的吃苦耐劳、艰苦奋斗的坚强毅力，从而增强组织性、纪律性。通过现役军人的以身作则培养学生的集体主义精神，通过传承精神教育，养成良好的学风和生活作风，使学生树立革命英雄观念。

学校根据实际情况和学生需求设置包括国防教育、国家安全教育、军事设备科普等课程在内的系列课程，定期举办国防教育讲座，培育学生的国防意识；积极配合国家征兵事项，鼓励、支持、引导大学生应征入伍。高级中学、中专、职专等学校应当专门设立军事训练机构，且在教学任务中专门添加国防教育内容，高等学校、高级中学、中专、职专学校的学生依照法律和相关规定要求进行军事训练，由学校专门负责军事训练的机构负责组织。

二、校园军训的原则及特点

1. 校园军训原则

（1）以基地训练为主，普训与选训相结合　所谓普训，就是在国家统一部署下，由各省、市建立学生军训基地，通过分批轮训的办法，对学生普遍进行国防教育和军事基础训练。军训基地实行地方独立建制，业务上受当地教育部门和军事部门的双重领导。

所谓选训，则是在学生毕业分配前，按战时动员要求，择优挑选一部分学生按所学专业对口到各军事院校或专门的培训机构进行短期军事专业培训，培训结束后，培训结果合格的学员可任命为预备役军官。然后，再让其到工作岗位报到。普训和选训，前者主要打基础，后者着眼于出人才，两者紧密结合，构成学生军训的完整体系。

（2）突出重点，拉开层次　学生军训的内容要根据不同的培训目标，区分层次，有所侧重。可结合学校政治教育计划进行，纳入学生教育大纲总学时内，使其有法定的教学时间，确保军训时间、内容、效果的真正落实。

2. 校园军训特点

（1）政治性和军事性　军训首先是一项政治任务，服从于国防和军队建设需要，满足国防后备人才产生的基本要求，具有政治性和必要性的特点。

（2）强制性及义务性　我国相关法规体系对军事课在组织领导、教学实施和相关保障等方面有强制性规定。要求高等院校的学生在其就读期间，必须按照相关规定接受基本的军事化训练。

（3）教育性与社会性　校园的军训是学校教育教学内容的重要补充之一，军训旨在教学活动中以系统的、正规的、循序渐进的方式达到推进学生素质教育的目的，实现培养国防后备人才的目标，具有明显的教育属性。军事课的组织实施需要多个部门协同合作，包括地方教育部门、学校和部队，且涉及众多社会领域，在国防建设等方面也发挥着一定的作用，这体现了军事课程具有一定的社会性。

三、校园军训的意义

1. 军训改变学生精神面貌

军训不同于其他的课外活动，军训是一项严肃、严格的团体活动，以军事化管理方式对学生进行训练、教育。在管理过程中和训练期间对学生一视同仁，通过对学生进行体能、动作的训练，组织统一活动来进行团队意识教育、爱国意识教育等，在极短的时间内迅速将学生行为懒散、纪律意识差、集体荣誉感低等问题进行纠正，使学生的精神面貌得到极大改观。

2. 培养学生良好习惯

在军训中，教官按照军训活动规则，采用军事管理方式对学生的站姿、坐姿、走路和跑步的姿势及口号等进行规定及约束，每天进行固定时间的训练，要求学生按时按质完成。同时对学生的个人卫生和习惯也进行了规定，在军训期间，学生要打扫宿舍卫生，对个人物品的摆放，床上物品的叠放、整理，甚至个人的洗漱、准备时间都有严格要求。在严格的制度要求下，学生能够更快地改善自身的不良习惯，逐渐养成规范、有秩序的良好习惯。通过军训，学生的自我管理意识增强，能够自觉遵守纪律。

3. 提高学生团队意识

在军训过程中，训练都是以班集体为单位，通常有班级间的竞争或比赛，无论是训练活动还是文艺表演，学生都有满满的团队感和集体荣誉感。在集体活动中，学生更能够感受到集体的温暖和力量，真正理解"团结就是力量"。与军训前比，个人意识降低，学生间自私自利的行为减少，学生具有更强的团队协作意识，能够积极主动地关心和爱护他人，学会与他人分享、照顾他人等。潜移默化中对学生的世界观、价值观的养成带来有利影响。

4. 增强学生的爱国情怀

军训也是对学生进行思想道德教育的过程。在军训过程中，学生真正接触到军人，在训练中聆听教官讲述日常训练、执行任务的故事，甚至在训练过程中接触一定的军事技能知识，潜移默化地在学生心中种下了保家卫国的种子。学生在校期间，正是处于思想的较大波动期，世界观、人生观、价值观也处于确立期，对学生进行正能量传播，加强引导，培养学生良好的爱国意识，形成良好的思想品德，对于学生树立正确的世界观、人生观、价值观具有重要的现实意义。对学生进行思想道德教育，能够极大地强化学生的爱国情怀，提高思想道德修养，丰富精神世界。

四、学生的自我管理

1. 了解军训管理规定

按学校规定，认真遵守军训纪律、住宿纪律、用餐纪律以及军训制度准时到达指定场地报到，并提前做好参加军训的各项前期准备。要求暂缓、停止军训的学生也必须向负责学生军训管理的办公室提出书面申请，在得到批准后，方可不参加军训，否则无故缺席军训的学生应接受相应的处罚处理。违反其他规定者，也会受到批评与通报。

2. 以学生组织为主体进行军训思想政治教育

以党（团）组织、学生会、班干部、楼层长、宿舍长为思想工作骨干队伍，开展学生群众性思想教育工作。制定和完善经常性思想工作制度和措施，如早操讲评制度，晚点名制度，楼层长宿舍长例会制度，教官、辅导员碰头会制度等。对有问题或有严重问题的学生，可以与老师配合采取"分包"和短期"看管"广泛开展谈心活动，及时解决学生的现实思想问题。学生可以通过应对突发事件的科普教学，同时加强思想心理教育，以此来提高自身的危机意识，对于突发事件有正确的认识，增强处理突发事件的综合能力。学校应加强社会舆论的支持与引导，并开展实景模拟训练，举行各种应对突发事件的演练活动，使课堂教育与实践操作结合起来，达到思想教育、心理疏导以及实践技能齐头并进、共同发展的目的。

复习思考题

1. 教师群体包含哪些人群，有何特点？
2. 不同教师群体如何引导学生面对非常规状态事件？
3. 学生在非常规状态事件下如何配合教师工作？
4. 学生在军训时如遇校园非常规状态事件如何进行自我管理？

参考文献

[1] 蒋佩君. 民办高校公共卫生安全教育的常态化举措 [J]. 现代企业，2020（8）：94-95.

[2] 钟秉林，朱德全，李立国，等. 重大疫情下的教育治理（笔谈）[J]. 重庆高教研究，2020，8（2）：5-24.

[3] 刘秀梅，董向华. 高校突发事件的特征、原因及预警对策 [J]. 河北广播电视大学学报，2016，21（1）：102-104.

[4] 俞淼. 浅谈辅导员在高校突发事件中的应对策略 [J]. 教育教学论坛，2015（11）：21-22.

[5] 王丽英,李艳.论高校社会性突发事件的预防——以师生关系危机为视角[J].辽宁公安司法管理干部学院学报,2011(4):122-126.

[6] 李亚.新形势下高校预防和应对大学生群体突发事件研究[D].遵义:遵义医学院,2018.

[7] 苏兰,陈琳,苏春.高校大学生突发事件的预案管理及应对策略[J].中国校外教育,2013(S2):124-125.

[8] 刘枭.自主军训模式下大学生教官选拔培养的思考[J].科学咨询(科技·管理),2019(12):164.

[9] 商建华,梁旭光,柳振国.高校军训学生教官带训模式的研究与实践[J].现代教育管理,2012(6):89-91.

第四章

非常规状态下的后勤保障工作

第一节　后勤保障工作概述
第二节　非常规状态下后勤保障工作应对方法
第三节　非常规状态下的学生配合工作

第一节
后勤保障工作概述

新时代社会背景下,对学校后勤工作的要求为:转变服务理念,以确保学生安全生活学习为基础,结合新时代社会的发展和变化,创新后勤工作服务模式,使得后勤工作效率得到有效提升,相应的服务体系得到有效完善,学生的生活需求得到有效满足。另外,后勤保障工作也需要联系后勤职工的实际需要,坚持"以人为本"的理念,注重后勤职工身体、精神的健康发展。

一、后勤保障工作的特征

随着社会的飞速发展,我国的教育教学事业也在急速向前发展,校园的后勤管理工作也迎来了前所未有的发展机遇及挑战。党和国家政府亦高度重视校园的后勤管理工作,1985年5月,国务院发布了《中共中央关于教育体制改革的决定》,首次提出"高校后勤社会化改革"的概念,为今后学校后勤管理工作的改革发展指明了方向。1999年,国务院在上海组织召开了全国高校后勤社会化改革会议,全面拉开了全国高校后勤改革的大幕。2010年7月,教育部发布《国家中长期教育改革和发展规划纲要(2010—2020)》,从顶层设计层面对校园后勤发展作出了全面部署,明确了深化学校后勤社会化改革的主要目标与战略任务。持续不断的推进后勤社会化改革为我国高等教育的发展注入了新活力,要求既要全面提升校园后勤管理工作的服务质量,也要在一定程度上减轻学校办学成本与经费压力。后勤保障工作的特征有以下几点。

(1)社会性 从目前来看,我国社会提供的后勤保障服务还不能有效满足各个单位的实际需要,一段时间内机关办、企事业单位办的后勤现状还不能彻底转变,因此,各单位的后勤服务门类,无所不包。各个单位后勤保障工作与社会的供给密切相关,不论是物资、能源、交通、设备,还是技术、人员、信息、空间等,都需要由社会各部门来供给,社会是各个单位后勤保障工作的总后勤,社会制约和影响着各个单位的后勤保障工作。各个单位后勤保障的服务正向着社会化的方向迈进，随着社会经济的发展和进步，数量更多的、范围更加广的后勤保障服务将逐渐由社会来承担，最终实现后勤保障服务的社会化。

（2）经济性　我国的校园后勤管理工作，既是一项学校行政管理方面的工作，也是一项涉及经济管理的工作。后勤管理，实质是市场经济的手段和劳务（生产）、交换、分配、消费这四个环节，经济核算则是后勤工作的重要内容，通过一定的规章与制度，对校园保障资源进行高效的配置。

（3）服务性　后勤工作的本质是一项服务工作，为学校的正常运行、学生的日常学习生活及教师的教学提供人、财、物的支持，服务是后勤管理的重要特征，这也体现了后勤管理的重要意义。

（4）时间性　每一项后勤服务工作都有明确的时间规定，因此后勤管理工作具有很强的时间性和计划性。后勤工作就是一切工作的基础和前提，所谓"后勤先行"，就是要以一定物质条件为基础，保证每一项职能活动都有一定的物资条件作支持。后勤工作会受到季节的影响和制约，这也从侧面反映了后勤工作的时间性，若在执行过程中，违背季节的时间规律，就会产生失误，从而造成学校一定程度的损失。

（5）复杂性　后勤保障复杂性体现在工作繁重、任务多、政策性强、涉及面广、内外关系多等方面。后勤部门在日常管理过程中要与校园内的师生进行沟通交流，也要与社会、政府等上级部门保持经常性的联系与沟通。例如，财务、人事、设备、交通、伙食、卫生、医疗及其他各项综合性服务工作，都是由后勤部门进行管理的。基建法规、财经纪律、车辆配置原则等必须符合党和国家既定的政策、方针、法令、法规，决不可以任意而行，相关环节纵横相连，不仅涉及人，还涉及物、财、权等。

（6）群众性　后勤保障工作是为广大群众服务的，与群众的切身利益有着紧密的联系，在工作进展中，也全面接受着群众的监督和检验，接受群众的意见和建议。

（7）专业技术要求高　后勤保障工作专业技术种类繁多，需要有广泛而全面的学科知识作为基础，除了涉及基本的管理学、会计学、社会学、法学等，同时也涉及自然科学领域。随着国家对学校办学要求的不断提高，后勤工作需要涉及和管理的门类越来越多，任务也越来越精细化，后勤部门成为了单位专业最集中、最密集的部门，现代后勤的特点是专业门类多，技术性强。科学技术在后勤管理过程中被高频使用，日渐先进的自动化水平使后勤管理具有十分鲜明的专业技术性。

二、后勤保障工作的原则

1. 运行为先，强化监督管理

后勤保障工作以ISO9001服务质量管理总体系为指导，准确把控运行要点，监控风险重点，针对重要节点和关键部位加强监控，深化细化监督管理，定期发布后勤服务质量监督报告，并以日常服务指标为依据不断完善绩效考核评价机制，激励并挖掘员工潜能，有效地促进了后勤服务质量及管理水平的提升。

2. 人才为基，优化队伍结构

积极引进管理人才及专业人才，组织各类人员招聘工作，不断优化后勤管理服务队伍的年龄、学历和专业结构，提升队伍整体素质。同时，高度重视员工培训，全面提升综合素质，在此基础上提升管理效能，优化服务效果。

3. 发展为重

结合爱国卫生运动工作要求和学校实际，从基础环境建设和整体氛围营造两方面着手，双管齐下，稳扎稳打，逐步打造良好的校园环境。通过学生及教职工公寓改造、教学楼外立面施工、健步走道建设、校内文化景观改造等系列项目的实施，显著改善校园景观，打造便利校园生活。同时，通过线上线下多渠道宣传教育、设置志愿服务岗位、发起线上打卡行动等多种方式，深入开展无烟校园建设、节能校园建设、垃圾分类、餐饮节约工作，进一步发掘后勤部门服务育人功能，与师生共同打造良好的校园文化环境。

4. 安全为要，守护平安校园

面对突发事件，加强人员管控，完善基础设施配置，严格把关餐饮加工、清洁消杀、值班值守、应急处置等操作流程，坚决保证安全生产、安全服务。

5. 以师生为本，保障校园日常生活

学校后勤部门应牢固树立服务师生的工作理念，为全校师生提供餐饮服务、水电供应、报修服务、运输服务及幼儿入托服务，在做好日常保障工作的基础上深入思考，争取把工作做细、做实、做好，创新工作思路和方法，坚持探索后勤服务社会化，充分激发良性竞争，不断提升服务质量，为正常教学的开展免去后顾之忧，做好全校的大后方工作。

三、后勤保障工作的意义

1. 对校园环境的影响

优化校园后勤管理工作，能够促进良好教学环境的创造。学生是校园文化的主要影响群体，随着时代的进步和发展，学生的思维活动十分活跃，学生对环境文化的需求不断增加。为了提升学生学习的主动性和积极性，为此奠定良好的环境基础。校园后勤管理工作具体有餐饮管理及校舍管理等方面。

学校后勤管理中占据重要地位的是餐饮管理，具体包括管理餐饮从业人员、饮食卫生以及食品安全。对学校后勤管理人员而言，首先需要重视食品安全问题，基于食品加工操作、原材料来源等方面，对食品安全严格把控。对于饮食卫生管理而言，相关的管理人员需要保证就餐环境、食材与相关卫生标准相契合，避免出现群体性食物中毒的情况。餐饮管理的重要组成部分还包括餐饮从业人员的管理工作，需要保证从业人员具有健康证，需要强化从业人员防疫知识培训、卫生培训等工作

学生生活、娱乐以及学习不可替代的场所即校舍，校舍管理也是校园后勤管理的重要方面。在进行校舍管理过程中，需要基于安全规范第一的原则，定期进行校舍安全检查工作，针对不同的安全隐患要在短时间内进行维护、修缮。同时，相关管理人员还需要对宿舍内的桌椅、床铺、空调等物品设施的安全性定期进行检查，有效排查潜在危害。后勤管理部门还应当重视校舍的清洁工作，借助不同活动引导学生形成良好的健康习惯，优化校舍管理工作

学校聚集着社会发展所需要的中坚力量，在开展学科研究、强化人

才培育、推动文化发展、指导社会实践、提供国际交流平台等方面具有不可替代的作用，因此确保校园稳定安全更显重要。良好的后勤保障工作不仅体现了行为、制度、精神以及形象等不同方面的校园文化形态，还能增强学校的核心影响力和竞争力。

2. 对学校育人工作的影响

经过长期发展，学校后勤形成了特有的文化传统，如立德树人的宗旨，艰苦奋斗的作风，无私奉献的精神，攻坚克难的担当，勤俭节约的传统，追求卓越的目标以及以师生为中心、服务学校大局、提升服务品质的服务理念等。后勤文化融入教学体现于学校后勤科学精细的管理、优质高效的服务、平安和谐的环境中，营造了"处处是课堂，时时受教育"的浓厚育人氛围和良好的育人环境，能让学生在潜移默化、自然而然中接受教育，获得熏陶。

（1）学校后勤以优美的校园环境发挥育人作用　校园后勤通过校园绿化、环境卫生等工作，为学生提供了良好的校园环境体验。这不仅有利于学生在和谐、温馨的环境下学习和生活，还引导了学生保护生态环境、热爱一草一木的意识和行为。通过倡导学生节水节电、垃圾分类、卫生健康、安全防范、文明友爱等生活习惯，从而激发学生热爱祖国、热爱环境、热爱学校的大爱情怀。

（2）学校后勤以优质的后勤服务发挥育人作用　学校后勤服务覆盖学生上课学习、校园生活、社会实践的方方面面，工作人员与学生接触频繁密切。后勤工作人员的工作形象、服务态度、仪表仪容等精神面貌可以熏陶学生爱岗敬业的职业精神；后勤工作人员的关心爱护、排忧解难、亦师亦友等工作作风可以培养学生团结友爱的互助意识；后勤工作人员的艰苦奋斗、任劳任怨、刻苦钻研等高尚情操可以使学生树立崇尚劳动、尊重劳动的价值观。

（3）学校后勤以科学的后勤管理发挥育人作用　学校发展到哪里，哪里就有学校后勤管理。学校后勤通过信息化、服务流程再造等现代管理办法，不断提高后勤科学决策水平，提升后勤管理规范化、专业化、精细化、人性化水平，形成有章可循、井然有序、有热度和温度的管理，这本身就是对学生的教育。再者，后勤通过配合学校其他职能部门的管理，还能培育学生的组织纪律观念，提高学生遵守纪律、遵守规章制度、遵守公共秩序的自觉性。

第二节
非常规状态下后勤保障工作应对方法

一、建立后勤保障组织机构并明确工作职责

调整后勤管理组织机构，由校党委书记和校长担任安全生产工作领导小组组长，分管后勤的校领导担任常务副组长，由校内其他分管安全业务的校领导担任副组长。领导小组办公室设在总务处，履行组织协调、监督检查、督促整改的职责。同时明确小组各成员单位的责任，领导小组形成每季度安全生产研判会制度，通报近期事故，部署下阶段工作。

二、建立规章制度

参考其他安全生产管理效果显著的学校，结合本校校情，学校可制订《××学校后勤保障管理办法》《××学校后勤管理监督检查工作办法》等制度，明确"统一领导、逐级负责、归口管理"的管理体制。解决如何开展校园常规检查工作，谁来检查，检查内容是什么等问题；解决如何开展培训和应急预案演练问题；对各单位的职责再次进行明确，厘清发生事故后如何处理等问题。

三、教育培训

学校安全生产工作领导小组办公室负责对接市场监督管理局、应急管理厅、供电局、疾病防控中心、市住建局等政府行业监管部门，从行业角度组织相关单位开展法律法规等培训；学校对各单位安全生产管理

员、联络员（学生和教工）开展年度培训；各职能部门对员工开展专业性安全生产培训和操作流程培训。学校每年应制订各类教育培训方案，并确保方案的有效实施，同时建立电子化安全教育培训档案，做好相应的记录。

四、监督检查

工作领导小组组织开展定期安全生产检查，对校内各成员单位的安全生产管理工作进行监督和指导。监督检查分为综合性大检查和专业性安全检查，同时开展各单位安全自查。综合性大检查由领导小组办公室于重要时间节点牵头开展，重点检查各部门制度落实情况、事故及隐患台账建立情况、安全自检及整改情况、培训及演练情况等。此外，各安全归口管理职能部门应牵头对各自业务范畴内的工作开展定期或者不定期的专项检查，并督促整改。在学校安全生产领导小组的领导下，各教学、科研单位应形成安全生产自我检查机制，定期检查或不定期排查安全隐患，并加强重点区域隐患治理，切断事故源头。同时，做好人员教育培训及应急演练工作，对于安全管理形成台账记录。

五、应急预案及演练

科学的应急预案可以提升应对各类突发事件的反应速度，提升应急处置能力。应结合学校发展不断完善《××学校安全生产事故应急处置预案》和各类专项应急预案和操作规程。同时，安全生产工作领导小组办公室负责统筹各类安全生产应急演练工作，各单位结合本单位特点，制定有针对性的应急措施或专项预案。

六、考核问责

制订并严格落实《××学校安全生产工作责任追究办法》，切实做好考核问责工作。学校将各单位安全生产工作纳入年度考核，考核内容为：安全生产责任是否落实到人，责权范围是否清楚明确；安全生产管理制度是否健全，是否有效指导实际工作；安全检查是否常态化，隐患或安全事故整改、处置是否及时；安全教育与培训内容是否落实。

七、事故管理

当出现校园安全生产事故后,由总务处、归口管理职能部门及相关单位组成学校事故调查处理组,依据国务院令第 493 号《生产安全事故报告和调查处理条例》及《安全生产管理办法》规定,必须调查清楚事故原因,严肃处理事故责任者,就该事故对教职工、学生进行安全教育,落实防范措施,做好调查处理和事故报告撰写工作。

八、绩效评定与改进

根据年度考核要求,各单位主要负责人必须做好安全生产标准化实施进展评定工作,并对评定结果全面负责。各单位对照工作目标及指标要求,切实总结标准化建设开展情况。通过工作执行情况,检验相关制度及措施的合理性、完整性,在实际经验的持续积累中做好改进工作。

第三节
非常规状态下的学生配合工作

一、参与后勤保障工作的检查及监督管理

实践参与是学校后勤育人工作的特有举措。美国教育思想家杜威提出,"一切教育都是通过个人参与人类的社会意识而进行的"。学校学生只有主动参与后勤管理与服务,积极开展岗位实践,才能在服务体验的基础上学会在面对非常规状态事件时,辅助后勤保障工作的同时做好自我管理。

(1)充分利用好"岗位实践"这一独特优势 社会实践是学生思政教育的重要环节,学校后勤岗位实践正是学生社会实践的重要平台,学生要充分利用好这一实践机会,在实际操作中强化服务体验的学习效果,使自身感性认识不断升华到理性认识,不断增强动手能力和解决实际问题的能力,亲身感受到劳动人民艰苦奋斗、不畏辛劳的崇高精神,进而树立崇尚劳动、尊重劳动的意识,并能够辛勤劳动、诚实劳动、创

造性劳动，立志走出校门，为世界进步、国家发展贡献自己的智慧和汗水。

（2）充分利用好"参与管理"这一工作体验　随着学生自我意识、民主意识、主人翁意识的增强，学生对参与管理的要求也越来越强烈。学校后勤部门能为学生参与管理、提升自我管理意识提供平台。例如，通过成立自管会、学生权益部等学生自我管理组织，从实际管理工作中，提高发现问题、分析问题和解决问题的综合素质。通过后勤管理与服务方案设计大赛等平台，充分展示学生自身的专业特点、兴趣爱好和先进理念等，培养自身的专业素养、团队意识和竞争精神。

二、认同校园后勤保障工作的管理处置方案

学校后勤工作在实现全员、全程、全方位育人中始终发挥着重要作用，学生应认同并服从校园后勤保障工作。①提高对学校后勤管理组织的认同感。许多学校积极应用"互联网+"后勤管理模式，将学校后勤管理工作与互联网技术融合，形成"互联网+"管理模式，对服务的对象——学生提出了增加对后勤工作认同感的要求。在现代创新管理模式中，学生应明确后勤管理制度、后勤管理工作的目标，协助保障工作顺利进行。②积极参与监督检查工作，及时反馈。没有沟通反馈就没有服务。学生与后勤部门的沟通既是服务过程中重要的内容，也是学生进行自我管理的重要过程。在此过程使学校管理部门可以了解学生的想法，提供更优质服务。学生可以通过多种方式与后勤部门进行沟通，多方位了解校园非常规状态下的后勤保障工作，并积极配合其管理工作。

三、配合校园非常规状态下后勤精细化管理工作

学校后勤管理的精细化管理模式，已经成为学校持续发展以及防止各类校园风险的必然要求与趋势，必须给予高度重视，学生也必须积极配合非常规状态下的校园精细化管理。首先必须要遵守学校健全的精细化制度体系，服从相应规范与约束，包括人员考核制度、财务管理制度、卫生监管制度、信息反馈制度等，从多个角度配合学校后勤管理部门提高工作效率与质量；了解学校设立的后勤管理机构，配合其工作内

容与要求，结合学校的实际情况，可以组建相关学生组织，共同配合校园的管理工作，明确每一个部门的学生工作人员的自身职责，明确自身使命，做好自身本职工作，还要主动与他人及其他部门进行合作互动，严格遵循相关标准、规则，实现资源的优化配置与充分利用；辅助学校建立校园后勤管理部门的学生质量监管制度，对后勤管理的每一项工作，学生共同参与进行密切、严格、全面的监督，从学生自身角度及时找出问题，分析原因，提出相应的解决策略与预案，还可以运用现代化信息技术，进行智能化、高效化监管，来提高监管工作的可行性与科学性，保障后勤管理工作的条理化、合理化。

1. 树立精细化理念

由于学校后勤管理仍存在着很多问题，有可能严重影响学校的有序运行与持续发展。因此就需要构建精细化管理模式，来打破传统工作上的局限，在此过程中，学生可以发挥自身优势。在精细化管理模式的应用中，首先需要树立精细化理念，通过宣传来及时转变工作人员的思想观念，逐渐落实到实际行动中。学生应支持后勤管理部门的建设与工作，严格、真实、公开地组建一支高素质的学生后勤管理人员队伍。定期借助会议、校园网、宣传栏等途径，进行精细化管理模式的宣传；结合学校的校园文化、教学管理情况、市场经济情况，进行逐步落实与贯穿；从小事做起，从基层做起，结合后勤管理工作的特点，配合学校后勤管理部门，逐步落实精细化管理的目标与制度，来提高管理水平与效率；在理论、技能、经验、素质等多方面，结合现代理念，配合学校提供相关宣传、教育、指导等方案，不断强化、提高自身的管理水平与意识，提高工作能力，实现精细化管理模式的高效落实。

2. 共同营造良好的环境

营造一个良好的校园环境与学生氛围，是学校后勤精细化管理模式构建的有效保障。因此学生间共同营造一个良好的工作环境，可为后勤管理工作的顺利开展，打下坚实可靠的环境基础，也是跟随时代步伐进行校园后勤改革工作的一部分。

学校的后勤部门，是学校教学管理的重要组成部分，影响着学生的长远持续发展。学生要高度重视良好工作氛围的营造，来配合展开后勤管理工作的改革。首先，作为学生，要及时转变自身观念，端正自身工作态度，主动参与到培训深造中，只有不断提高自身的综合能力，才能做好相关配合工作，调动同学们共同参与学校管理的热情与积极性。此外，还要严格遵循相关制度体系，且认真履行落实，与全体教职工进行密切互动，营造良好的物质环境。最后，还要借助宣传栏、会议、校园网等途径，进行定期宣传，营造一个良好的学生共同配合后勤工作的环境，还可以进行模范人物、经典事迹的宣传，充分发挥榜样作用，全面提升学校的后勤管理质量。

3. 参与科学监督

学校后勤管理工作，需要在学生的共同监督下，逐渐实现精细化，获得可持续发展。因此展开科学的监督工作，才能为其提供坚实可靠的保障。首先，参与后勤管理，要助推内部监督与外部监督的有效结合，包括全体师生监督、网络舆论监督、社会大众监督、管理人员监督等，及时找出问题，提出意见，及时进行改正与完善。其次，通过成立内部监督学生小组，进行后勤管理工作的不定期监管与分析，在发现、找出问题后，就要立即通知管理人员，联合校领导有关部门进行科学合理的改正，然后将其记录归档，为后续的管理工作提供相应的参考与依据。

学校后勤管理案例分析——保安酒后殴打学生案件

2019年某日，某高校物业管理中心的两名保安，由于外出吃饭饮酒过量，在回宿舍的途中酒醉，行走不便，强行要求一名学生送二人回宿舍。学生没有理会，二人强行抓住学生，与其发生了肢体冲突。二人将该学生的眼镜打碎，伤及眼眉。该学生被送往医院救治，眉骨处缝合3针。事发后，其他学生将此事件报告给学校保卫处，校保卫处立即将两位保安人员送往派出所，经查属实，被拘留审查。物业管理中心知晓此事后，立即由中心主任和主管副主任前往医院看望受伤学生，并表示慰问。同时决定在学生住院期间，每天负责送饭给受伤的学生。在核实了事件发生的始末后,学校按照规定,对两位保安做出开除的决定,扣罚当月工资并罚款 500 元。学生家长得知此事后,由于同处一城,立即向学校提出要求,赔偿伤病费用和精神损失,还要物业管理中心做出检讨,否则就要在报刊上予以曝光。

针对此情况,物业管理中心进行了分析,认为此事发生在保安下班后,系个人饮酒过量所导致的个人行为,与物业管理中心无关,物业管理中心只有教育不严的问题,为此,不予理会。但仍然每天送饭到医院,并且为其熬制鸡汤等补养品,悉心照顾学生,一直到其出院为止,并为其交付了住院费和医药费。在这期间,学生家长多次威胁,并四处找人,物业管理中心也没有对其要求作出反应,一直拖了近一个月。由于住院期间,该学生错过了期末考试,最后,学生家长只提出了让学生补考的要求,不再提让物业管理中心做检讨等要求,物业管理中心立即联系了学生工作处,做出了缓考的决定,解决了学生因伤没有参加期末考试的问题,最终此纠纷也得到了圆满解决。

[来源:城市开发(物业管理)]

思考:如何评价此事件中该学校的处理方式?

复习思考题

1. 简述后勤保障工作的特征、功能以及原则。
2. 结合实际评价你所在的学校后勤保障工作的现状。

参考文献

[1] 俞琳.高校后勤工作与校园文化建设问题论析[J].文化产业,2021(5):106-107.

[2] 何磬.高校后勤食堂集中采购核算的研究与实践[J].财会学习,2021(4):116-117.

[3] 中国政法大学. 深化后勤管理改革 助力学校中心工作[J]. 高校后勤研究, 2021（1）: 1.

[4] 吉华, 李洋. 高校后勤安全生产标准化管理体系建设研究——以西安建筑科技大学为例[J]. 高校后勤研究, 2021（1）: 15-17+43.

[5] 郑铎, 宋飞. 高校后勤育人的认识与思考——以服务体验、实践参与、反馈互动为视角[J]. 高校后勤研究, 2021（1）: 62-63+66.

[6] 刘鸿艳. 高校后勤管理社会化改革对策研究[J]. 连云港职业技术学院学报, 2020, 33（4）: 80-83.

[7] 王金刚, 秦义, 张德高. 高校后勤社会化改革的路径选择与保障措施[J]. 商业经济研究, 2015（3）: 102-103.

[8] 崔彬. 我国高校后勤社会化改革浅析[J]. 教育理论与实践, 2014（21）: 3-5.

[9] 张德高. 高校后勤实体构建现代企业制度的思考[J]. 江苏高教, 2013（5）: 140-141.

[10] 张欣. 高校后勤管理中的精细化管理模式探析[J]. 财富时代, 2020（12）: 233-234.

[11] 曹立龙. 高校后勤管理中的精细化管理模式分析[J]. 魅力中国, 2020（1）: 227-228.

[12] 张巍. 高校后勤管理中精细化管理模式的应用分析[J]. 文学教育, 2019（20）: 158-159.

[13] 王晓博, 李莹, 王华琛. 高校后勤管理中的精细化管理模式分析[J]. 教育现代化, 2018（25）: 242-243.

[14] 余东骏. 后疫情时代高校后勤管理工作的创新[J]. 景德镇学院学报, 2020, 35（6）: 127-130.

[15] Zhang J. Analysis on the construction of logistics management informatization in colleges and

universities under the background of big data[J]. Advances in Higher Education, 2020, 4（10）: 192-194.

[16] Hu X. Practice teaching reform and exploration of logistics management major in the transformation and development of local undergraduate universities[J]. Advances in Higher Education, 2020, 4（10）: 51-53.

[17] 廖小锋. 新时代高校后勤精细化管理研究 [J]. 黑龙江教师发展学院学报，2020, 39（10）: 151-153.

[18] 佚名. 学校后勤物业管理案例启示录 [J]. 城市开发: 物业管理，2009, 000（002）: 37-39.

第五章 自然灾害突发事件防控与管理

第一节 自然灾害突发事件概述

第二节 校园应对自然灾害突发事件的举措

第三节 自然灾害突发事件的学生自我管理

人类各种社会活动诱发的自然变异和埋藏于大气圈、水圈、岩石圈、生物圈共同组成的地球表面结构中的自然变异，都属于地球的自然变异范围。当这种自然变异给人类的社会生产活动、人与人之间的关系以及以劳动关系为传递中介的人与自然的关系带来不同程度的危害和影响时，就构成了自然灾害。本章将介绍自然灾害的分类、特点以及我国目前自然灾害突发事件的现状，并从校园面对自然灾害突发事件的角度出发，从应对主体进行介绍，并详细阐述作为学生在面对自然灾害突发事件时应如何应对。

第一节
自然灾害突发事件概述

对自然灾害这一现象的定义，《自然灾害灾情统计（第1部分）：基本指标》（GB/T 24438.1—2009）中指出，给人类生存带来危害或损害人类生活环境的严重自然现象称为自然灾害，其中包括干旱、台风、洪涝、暴雪、冰雹、沙尘暴等气象类灾害，火山喷发、山体崩塌、地震、山体滑坡、泥石流等地质灾害，暴风、海啸等海洋灾害，森林草原火灾和重大生物灾害等自然灾害现象。

一、自然灾害突发事件的分类

1. 按自然灾害发生缓急分类

（1）突发性自然灾害　自然灾害有长期和短期形成过程之分，发生强度也有轻缓和剧烈的区分。当自然灾害的诱发因素变化程度超过一定限制时，就会在短时间内（有时是几秒钟、几分钟、几小时，也有在几天之内）表现出灾害行为，如火山爆发，地震、洪水、风暴、冰雹等自然灾害，这类短时间内便形成大范围灾害影响的称为突发性自然灾害。

（2）缓发性灾害　一些自然灾害是在诱发因素长期发展、影响的条件下，逐渐演变成自然灾害的，例如土地荒漠化、水土流失、环境恶化等现象，这类灾害现象通常要延续几年或更长时间，因此称其为缓发性自然灾害。

2. 按灾害等级和发生次序分类

其中以发生等级高、影响强度大的自然灾害涉及范围最广泛，在其发生以后，常常引发出一系列的其他自然灾害现象，这种灾害现象叫灾害链。灾害链中最先发生，并在此次灾害中的作用较为明显的灾害称为原发灾害；由原发灾害接而衍生出现的灾害称为次生灾害。自然灾害的发生，破坏了人类原本和谐的生存条件，再次引发的其他一系列非自然灾害现象，这类灾害现象泛称为衍生灾害。如重大旱灾发生之后，导致地球表面与地球浅部的淡水资源极度匮乏，迫使人们选择饮用含氟量较高的深层地下水，从而导致了"氟病"的出现，对人类健康产生了不利影响，这些被称之为衍生灾害。

3. 按发生类型分类

（1）气象灾害　气象灾害是指直接或间接出现的，由大气的不稳定、不规则运动给人类的生命财产、国民经济建设、国防建设等造成严重损害的自然灾害现象。气象灾害会造成几百万元，甚至上百亿元的巨大经济损失，同时也会造成灾害区域内不计其数的人员死亡和受伤。气象灾害主要包括暴雨、内涝、干旱、热带气旋、低温霜冻、连绵降雨、浓雾、沙尘暴等灾害。

（2）海洋灾害　由于海洋自然环境的异常或剧烈变化，海洋或海岸灾害称为海洋灾害。主要包括灾害海浪、海冰、海啸和风暴潮；其中海洋与大气相关的著名灾害性现象"厄尔尼诺"和"拉尼娜"给人类的生产生活带来巨大影响。

（3）洪涝灾害　由暴雨、冰雪消融、雨水结冰、堤坝崩溃、风暴潮等引起的自然灾害称为洪涝灾害。过于集中、持续的长期降雨或暴雨，且排水不及时，会造成建筑的渗水，这类洪涝灾害，称为内涝灾害。

（4）地质灾害　人类与自然界相互作用往往导致地质类灾害的发生，因此地质灾害有自然或者人为因素的作用。地质灾害是会对人类的生命和财产造成巨大损失、对环境造成严重破坏的地质作用或地质现象，影响波及范围广，主要包括地震、山体塌陷、滑坡、泥石流、地面下沉和塌陷、岩石膨胀、土地沙漠化以及火山喷发等现象。

（5）农作物生物灾害　农作物生物灾害主要是指在一定的自然、社会环境条件下，病虫草鼠害等病虫害的发生或流行，严重危害农作物的种植安全，造成农作物及其产品的巨大损失。农作物生物灾害主要包括农作物病害、农作物虫害、农作物草害和鼠害，可夺去农作物近30%的产量，对农业粮食的安全生产、农业生态环境和种植食品的质量安全要求构成了严重的威胁，同时也对经济发展产生间接影响。

（6）森林和草原火灾　森林草原火灾是指火势失去人为控制，在森林内和草原上蔓延和延伸，对森林草原生态系统和人类带来一定危害和损失的林草燃烧现象。具有突发性强、破坏性大、处置救助较为困难的特点。

二、我国自然灾害突发事件的现状及特点

1. 现状

我国地势辽阔多样，涵盖了多种地形区和气候，这样的客观气候和地形条件导致我国自然灾害发生种类较多，且频率较高。2008年"5·12汶川地震"，2012年北京的特大暴雨，2014年我国"威马逊"超强台风，2015年陕西省的山体滑坡事件，2017年山西、内蒙古的春夏季严重旱灾，2018年9月台风"山竹"更是导致直接经济损失53亿元。自然灾害的不断发生，给我国造成了巨大的经济损失，人民生活受到巨大影响。

随着中国城市化进程的加快和经济的高速发展，我国自然灾害的破坏程度也在不断加深，影响程度不断扩大。据有关领域的专家预测分析，未来我国自然灾害发展趋势主要包括：强台风逐渐活跃；暴雨洪涝灾害增多；流域性大洪水的发生可能性加大；由局部强降雨引发的山洪、滑坡、泥石流等地质灾害现象也将会增多；我国北方地区甚至存在极端低温和严重雪灾的可能；降水的季节分布将更加不平衡，造成持续干旱和沙漠化程度在北方地区加重，南方有较大可能出现高温热浪和重大旱灾。

我国在防灾、减灾的实践过程中形成了一些独具中国特色的自然灾害治理结构和许多具有中国特色的防治经验。目前，我国灾害管理结构

的主体是分级整合：在党中央、国务院的统一领导下，实行分类管理、分级负责的自然灾害防治体系，同时实行分级一体化、属地化管理；在我国各地、各级党委的支持和带领下，各地坚持实行、落实行政指导责任制，充分发挥专业应急指挥机构的专业指挥和领导作用。在这一治理结构中，突出强调政府角色功能，非政府组织及公民志愿者的参与程度较低，尚未形成政府与社会的良性互动及多维主体参与的治理网络。

2. 特点

我国是世界上发生自然灾害最为严重的几个国家之一，主要有以下五个特点。

（1）种类较多　目前来说，我国除了没有现代火山活动以外，气象灾害、海洋灾害、洪水灾害、地质灾害等几乎所有自然灾害都在我国出现过。

（2）分布广泛　在我国，自然灾害的分布范围很广，不同区域的自然地理环境会展现出不同类别的自然灾害。各省、自治区、直辖市由于地质、地形、地势及自然条件的不同，受自然灾害影响程度不同。

（3）发生频繁　我国自然灾害的发生次数，在近几十年的发展变化里呈现出增加的趋势。从地理位置上来说，中国位于欧亚、太平洋及印度洋三大板块交汇地带，地震活动频繁，构造运动活跃；从气候上来说，中国受季风气候影响十分强烈，季风环流不稳定，气象灾害频繁；从人为破坏上来说，乱砍滥伐、过度放牧、围湖造田等不合理的人类活动加剧了自然灾害的频发。

（4）损害严重　我国每年发生的各种各样、大大小小的自然灾害现象很多。由于自然灾害发生的时间、地点和规模等的不确定性，人们抵御自然灾害的难度不断加大。一旦发生自然灾害，由此带来的生命财产损失将会很大。

（5）互为影响　我国各种自然灾害的发生之间具有一定的联系性。其中一些可以互为条件的自然灾害，很容易导致形成灾害群或灾害链。例如，暴雨可以成为一个灾害链，它可以导致洪水、泥石流、滑坡、山体崩塌等；同样，火山活动是一个灾害群，它既可以导致火山爆发、冰雪融化、泥石流，也可以引发大气污染等一系列灾害。

第二节
校园应对自然灾害突发事件的举措

在校学生具有年龄普遍较小，尚未有独立成熟的思考能力，自身防护能力较差的特点。当校园遭遇严重的自然灾害现象、外部人员伤害或校园内的暴力事件等非常规状态事件时，学生受伤害的概率和受伤程度可能远远超过成年人，并且往往引起连锁反应，将伤害和影响范围扩大。因此，学校要坚决持续不断地加强、完善和改进校园安全管理规章制度，对引发校园非常规状态事件的因素及早识别，并进行科学防控，以防止危机的发生。

一、教师主体

学校全体教职工是学校安全工作中岗位主体责任人，是安全管理制度的具体落实者、参与者和执行者，教职工有关安全工作的情况直接影响到学校整体安全目标的实现。同时，学校教职工应遵守学校各项安全生产规章制度，贯彻国家教育方针，执行学校教学计划，履行教师职责，完成教育教学工作任务；并应对学生进行有关自然灾害的常识介绍、安全防护教育以及灾后的心理健康方面的教育。

班主任（辅导员）要利用现有条件，日常教学中对本班学生进行自然灾害突发事件的预案演练和指导，明晰学校应急预案中自身的相应职责，在发生自然灾害突发事件时，冷静而快速地安置好本班学生，尤其要指导好本班学生的逃生路线和站位，有效保护本班学生。学生发生的安全事故成为伤害事故时，应利用好班上的学生关系（急救）网络，及时将其送至卫生室或附近医院，及时与家长联系，向年级组长（上级部门）报告，协助其妥善处理。出现安全应急预案中的任何情况，班主任（辅导员）都应在第一时间按照学校信息传递程序进行处理。若未按此程序处理造成严重后果的，要按学校责任追究制度对教师的失职进行处理。

各班班主任或辅导员是学生安全工作的第一责任人，对整个班级安全工作负责，可以主题班会和班级活动的形式积极开展安全教育，认真组织各项活动。做好学校信息通知的上传下达、信息传递工作，配合学校相关部门开展安全教育。因工作失误造成本班安全事故的，直接追究责任。同时，各任课教师为所教本节课的主管责任人，教师不得离岗。当本班发生紧急情况或异常情况时，应及时向辅导员或有关领导报告，本节课程发生的安全问题也由任课教师负责。

二、校园管理者主体

学校安全工作责任制是根据我国"安全第一、预防为主、综合治理"的安全工作方针和安全工作法律法规建立的，各级领导、职能部门、各岗位人员在工作过程中对安全工作层层负责的制度安排。因此自然灾害突发事件校园安全管理的各主体部门，应牢牢遵守学校安全工作责任制，统筹安排好突发事件发生后的校园日常工作。

1. 制定体系化的自然灾害突发事件应急管理制度

实践证明，调动教师提升安全工作的积极性，加强和完善校园安全工作责任制有利于增强学校教职员工的责任感。学校由各职能部门和个人组成，各自都有本职任务，但安全不是离开学校运营过程独立存在的，而是贯穿于运营过程体现出来的。只有从上到下建立起严格的安全工作责任制，责任分明，各司其职，各负其责，将法律、法规赋予学校的安全工作责任由全体教职员工共同承担，校园的安全管理工作才能形成一个完整体系，使各类事故隐患无机可乘，从而减少或避免校园非常规状态事件的发生。

2. 强化校园领导人员的职能责任

校长是校园安全工作第一责任人，领导和指挥校园非常规状态事件下的校园安全防控工作，负责全校师生的统筹安排工作与部署，随时了解校园内各部门安全工作的开展情况、存在问题及整改落实情况，当遇校园自然灾害突发事件时应立即启动工作应急预案，及时赶赴现场，担任总指挥并负总责。书记则应协助校长做好安全工作，贯彻"一岗双责"规定，抓好校园教职工及学生的思想政治工作，传达校园安全管理政策法规、会议精神，积极发挥党组织的核心作用和模范带头作用。

第三节
自然灾害突发事件的学生自我管理

学生是社会最具活力和生机的力量，是国家未来的栋梁，肩负着推动社会发展的历史重任，这必然要求其能够具备灾害风险防范意识，防灾减灾知识，应对灾害的思想准备、心理素质和应急处置能力。学生是构成校园的主体，也是校园自然灾害类非常规状态事件的主要面对人群之一，校园的安全管理归根到底是要维护学生群体的生命及财产安全，而加强校园管理归根结底是要提高学生自身的意识与应对自然灾害突发事件的能力。

一、服从校园管理工作

在发生自然灾害突发事件时，学生务必做到"服从安排，不添乱"。严格按照校园要求服从非常规状态事件下的非常态管理制度，例如消防安全制度、实验室安全管理制度、学生宿舍安全管理制度、安全责任制度等。

在校园非常规状态的自然灾害突发事件面前，即使没有治安人员的管理或是协调人员的指挥，学生群体也应当做到不慌乱，冷静理性地克制自己，尽量不给他人添不必要的麻烦，依然要保持日常的道德行为习惯。互助的前提是沉稳而冷静，遵守秩序，同时这也是自助的体现。只有全面遵守和服从在突发自然灾害下的特殊行为准则和规定，才会在最短的时间内形成新的秩序，以最低的成本获得灾后管理工作的最大效益。当这种遵守校园非常规状态事件的行为规范变为人们日常的行为习惯和全社会的共识后，学生心理成长的建设工作将会更成熟且有价值。

二、参与校园应急管理处置工作

学生群体需要具备一定的应急避险知识和救护技能，这些是其应对灾害事件的重要基础，不仅能提高学生的自我保护能力，而且有助于其在救护他人生命的过程中实现自己的人生价值。应急能力是学生的人生成长中不可或缺的能力。在学生共同参与校园突发自然灾害的应急管理工作时，能够充分调动广大师生的积极性与参与性，发挥其主动性和创造性。

敏锐的观察力、良好的自控力和果断的处置能力是面对灾害事件必须具备的心理素质，灾害忧患意识越强，越有利于灾害知识和应急技能的学习与掌握，越能够保持个体在行为中的努力程度与积极性。让学生参与到校园应急事件的处置工作中，学生能切实感受到灾害应急管理的重要性，培养自己的责任感、安全意识以及合作能力。当代学生身处和平年代，生活的安逸容易使他们失去对灾害的警惕之心，帮助学生树立科学的灾害忧患意识的重要性不言而喻。

三、学习自我心理调节及疏导方法

在师生没有任何心理准备的情况下，很多校园非常规状态的突发事件就有可能发生。所以，当校园非常规状态事件突然爆发时，其速度及影响程度往往令人出乎意料。学生群体的表现，可能出现精神高度紧张、焦虑和恐慌，不良情绪很快凸显，痛苦和紧张情绪交叉影响，悲观和恐慌心理会随着事件的进展而随之加剧。学生在没有任何心理干预和治疗的情况下，其思想很容易脆化，极易误入极端的思想误区，给精神生活和现实生活带来不利影响，继而降低校园生活积极性，造成悲观厌世的态度。当今互联网的高速发展导致信息交流的方式更加多样化，信息传播速度更快，因此学生的心态极易受到不良情绪的影响，会加重其恐慌心理，引起一系列不良社会反应。

遭受重大自然灾害后，人的心理反应可以分为三个阶段：应激、冲击和复原，对应于救助、安置和恢复重建。根据空间分布的灾害中心、周边地区和非灾区，在不同时期及不同的心理阶段外界应有差异地对学生提供心理援助。学生在面对突发自然灾害事件时要充分利用心理热线、互联网和三级心理援助系统开展自我心理援助，与教师积极沟通，寻求灾后心理支持、心理疏导等帮助。同时，转移对突发事件的悲观情绪，与同学、父母、专业心理教师进行交流，减少对灾害新闻报道的关注，缓解自身因灾害产生而引起的不良情绪。

内蒙古自治区包头市发布沙尘暴黄色预警致中小学校临时停课一天

中国青年报包头客户端3月15日电（中青报•中青网记者），2021年3月14日晚，包头市出现一次大范围强沙尘暴天气，一直持续到了3月15日白天。3月15日，包头市幼儿园、小学、初中发出紧急通知，暂时停课一天。

内蒙古自治区包头市气象台于3月14日晚9时发布沙尘暴黄色预警信号，晚11时50分左右发出沙尘暴橙色预警信号：预计未来6小时，包头市大部地区将有一次能见度小于500米的强沙尘暴天气，阵风8～10级。包头市沙尘暴天气下出行难度较大，最低能见度100米，能见度极高，强风速22.3米/秒，气象局要求市民出行时注意防范。

根据包头市教育局党组研究决定，幼儿园、小学、初中3月15日放假一天，高中3月15日放假半天。后续假期安排将视情况而定。未接到通知送学生上学的家长，应妥善安排，确保师生安全。住在学校的学生应安排自学，并取消所有户外活动。

（来源：《中国青年报》）

思考：1. 在发生自然灾害突发事件时，教师以及校园管理者主体应有何应对行动？

2. 在面对自然灾害突发事件时，学生应如何自我管理？

提示：从自然灾害的类型及其造成的破坏等角度来分析其对校园各主体产生的影响。

复习思考题

1. 简述我国自然灾害的主要种类及特点。
2. 在校园遇到自然灾害突发事件时，学生应如何做？

参考文献

[1] 张学翎. 厦门市高校自然灾害应急管理优化研究 [D]. 厦门：华侨大学，2018.

[2] 宋琼. 大连地区高校突发事件应急管理研究 [D]. 大连：大连理工大学，2017.

[3] 张彦姣. 大学生安全意识现状及培养对策研究 [D]. 大连：辽宁师范大学，2015.

[4] 汤跃宁. 高校校园危机事件处理的研究 [D]. 上海：东华大学，2014.

[5] 王宏. 新时期我国地方高校突发事件处置的现状及对策研究 [D]. 昆明：云南师范大学，2013.

[6] 李蔚然. 基于突发事件的大学生思想政治教育研究 [D]. 武汉：中国地质大学，2013.

[7] 姚书志. 地方高校突发事件应急管理能力研究 [D]. 西安：西安科技大学，2013.

[8] 潘丽娜. 高校校园突发事件管理研究 [D]. 合肥：安徽大学，2012.

[9] 徐海捷. 高校突发事件及应急管理机制研究 [D]. 福州：福建师范大学，2010.

[10] 赵有军，张敏敏. 构建应对重大自然灾害的校园危机管理体系 [J]. 教学与管理，2010（6）：15-16.

[11] 刘伟. 高校应急管理能力研究 [D]. 徐州：中国矿业大学，2009.

[12] 李栋，周静茹. 突发事件预防与处置实务 [M]. 北京：中国政法大学出版社，2016.

第六章

群体性突发事件防控与管理

第一节　群体性突发事件概述
第二节　校园应对群体性突发事件主体的举措
第三节　群体性突发事件的学生自我管理

群体性事件是世界各国普遍存在的社会现象，也是社会综合矛盾的反映。针对群体性事件，国内外学者进行了深入而系统的研究。西方社会学家一般将"集群行为""集合行为"等，认定是群体性事件。在对群体行为形成条件和成因的研究过程中，斯梅尔赛的"价值累加理论"独树一帜。他认为导致集群行为的必要条件有六个：环境因素，结构性压力，诱发因素，行动促进，产生的普遍情绪或共同理念、信念的形成以及社会运行机制。

由此，根据斯梅尔赛的观点延伸而知，当这六个因素孤立出现或出现不完全时也许并不足以导致群体性事件的发生，但是如果它们按一定规律或规则顺序累积起来出现的话，其值就会变大，也就意味着发生群体性事件的可能性也会变大。这就是所谓的斯梅尔赛"价值累加"。只有当这些各具其价值的因素相互叠加累加并相互之间产生影响时，群体性事件的发生才成为可能。

本章将对群体性突发事件进行阐述，并突出校园群体性突发事件的各应对主体，以此明确各应对主体的责任，并以学生主体的责任为重点，为学生更好应对、配合校园群体性突发事件提出建议和措施。

第一节
群体性突发事件概述

一、群体性突发事件的分类

1. 按照事件的性质

根据不同的机制和诱因，群体性突发事件可分为政治群体性突发事件、经济群体性突发事件、社会群体性突发事件和涉外群体性突发事件。

（1）政治群体性突发事件　是指一定数量的成员或团体，为了一定的所谓政治诉求，未经许可而共同进行的带有浓厚政治色彩的非法集会、游行、示威等活动。

（2）经济群体性突发事件　是指群体以满足自己的经济需求为目的

而引发的群体性突发事件，如2008年重庆、海口等地出现的出租车司机为抗议出租车起步价下调而做出的罢市行为。

（3）社会群体性突发事件　是指因为社会热点话题或敏感问题而引发的群体性突发事件。

（4）涉外群体性突发事件　是指由于在华外国人或是外国国家当局，进行了某些威胁我国公民或可能损害我国国家利益的不当行为，从而引发了一系列突发的、影响较大的涉外案件或事件。

2. 按照事态的严重程度

根据群体性突发事件的严重程度及社会影响程度，可将群体性突发事件划分为三个等级，由轻至重分别为：集体静坐、上访、罢工、罢课、罢市；非法集会、游行，集体围攻、围击党政机关、重点建设工程和其他要害部位，并造成严重治安后果的群体性事件；集体打砸抢，杀掠烧，造成局部地区社会动荡和骚乱。

3. 按照事件的外在表现形式

群体性突发事件分为包含暴力性质的群体性事件和非暴力性质的群体性事件。暴力性群体性事件是指在群体性事件的发生过程中，出现了暴力冲突，如较大规模的聚众持器械斗殴等。非暴力性群体性事件则是指，在群体性事件发生的过程中，并无暴力内容出现，如集体静坐等。

4. 按照群体性事件的参与人数及危害程度

可将群体性突发事件分为一般性群体事件和重大性群体事件。一般性群体性事件是指主体参与人数少、规模小、涉及范围小、影响小、危害后果不严重的群体性事件，如单位内部的群体性事件。

二、我国群体性突发事件的现状及特点

1. 我国群体性突发事件现状

随着中国社会经济的不断发展，我国群体性突发事件时有发生。这也在一定程度上反映了我国基层政府防范群体性突发事件的能力与经济社会快速发展带来的社会性问题不相适应的现状，同时基层政府对群体性突发事件的防范也存在滞后性。

《2014年中国法治发展报告》研究了范围超过100人的871起群体

性事件的发生原因。统计数据显示，原因包括劳动争议、执法不力、拆迁征地、交通事故等引发的民愤。其中，劳动争议居首，其次是执法不当、拆迁征地。

2. 我国群体性突发事件的特点

现阶段我国发生的群体性事件具有群体性、突发性、特定性、复杂性、互动性、反复性、失范性等特征。

（1）群体性　群体性事件是大多数人为了争取共同的利益或实现共同的愿望而聚集在一起形成的。事件的参与者都企图通过庞大的人数或规模，给予被要求人或单位一定的压力，从而达到自己的目的。因此，群体性事件的群体性，首先表现为参与人数较多；其次，参与事件的大部分人都有相同或相近的诉求，他们凝聚在一起，形成一个有共同诉求的群体。

（2）突发性　群体性事件是典型的突发事件，它的发生往往伴随着各种利益需求，任何一件与之相关的小事，都可以成为引发群体性事件的导火索，让人无法预料。并且群体性事件是大多数人非法聚集在一起而形成的，它本身没有经过有关部门的审核和批准，因此，相关部门对于群体性事件参与的人数、发生的时间、涉及的地点等都无法事前预料。

（3）特定性　群体性事件极易因特定时期、特定因素或特定场所而发生。

① 特定时期。在某一个具有重大特殊含义的日期或某段具有重要意义的时期里，因其对社会大多数成员的意义是相同的，因此很容易引发社会大众的共鸣，从而加大群体性事件发生的概率，比如社会成员流动的高峰期、重大国事活动日、具有政治色彩的活动日等。

② 特定因素。随着科技进步，人们了解社会时事新闻、热点问题的途径增多，人民群众共同关心、讨论热点和敏感度较高的社会问题的机会也增多，这些能引发民众共同讨论关注的社会问题，也极易成为群体性事件发生的原因。

③ 特定场所。组织和参加群体性事件的民众，希望自己的诉求能得到更多人的支持，甚至希望能引起社会的广泛关注，因此他们往往选择在人流量大的公共场所或者具有政治意义的场所进行活动。

（4）复杂性　群体性事件的参与者是为了共同或相似的利益而集结在一起的，这种利益需求一般会涉及经济、政治等方面；同时群体性事件的参与人员构成本身也比较复杂，如年龄跨度大、身体条件不一等；另外群体性事件类型多有不同，需要处置者根据具体情况，采取不同的方式处理。

（5）互动性　所谓互动性，即心理上的互动，是指人们在社会交往中相互间产生的社会心理现象。表现为人与人之间的意思交换和行为模仿。互动分为两种形式，包括积极互动形式和消极互动形式。积极互动是正面能量和积极向上情绪的相互影响，是促进共同进步的一种互动形式。消极互动，则是一种负面、消极情绪的相互影响，是阻碍社会发展的一种互动形式，而各种社会消极因素以社会互动的方式作用于群体的结果就是群体性事件的发生。群体性事件一旦发生，若不能得到及时控制，常常会因为人群之间的互动性而让参与人数增加，事态升级。

（6）反复性　群体性事件的涉及范围大，涉及内容错综复杂，如果相关处置部门只讲究短期效率，忽视长远工作，就会导致有些群体性事件发生的时间拉长，过程反复。同时部分群众抱着"法不责众"的心态，反复提出不合理要求，导致问题无法得到及时解决。

（7）失范性　群体性事件是非法的群体聚集行为，本身是违反社会法律法规的。且群体性事件发生后，若不能得到及时有效的处置，将会扰乱社会秩序，造成人身伤害、财产损失等后果，甚至造成较大的政治影响。

第二节
校园应对群体性突发事件的举措

一、教师主体

教师作为校园的教育教学主体人员，应加强对学生的安全宣传教育培训，切实做到安全教育课程化（规定每周安全教育1/2课时），从而提高师生安全意识和防护能力。在每年开学初、放假前，根据季节变化有针对性地集中开展安全教育，重点做好集体活动前的专项安全教育工作，在学校举办升旗、体操、集会、表演等活动时，要及时到位，做好全班学生的管理工作，对可能发生的事故采取防范措施，协助有关部门做好活动。同时教师要引导学生了解正常的人际交往方式和交往对象，并指引学生对社会时尚热点进行客观的分析、判断和选择；培养学生控制自己情绪的能力，引导学生学会抵制校园暴力，并合法保护自己的权益；冷静分析、妥善处理同学间或教师间等不和谐现象，将预防犯罪的教育作为法制教育的内容纳入学校教育教学计划，对不同年龄的未成年人有序地实施相关教育活动，培养学生自觉遵守各种法律法规；使学生提高自我保护和严防违法犯罪的思想意识，学会抵制网络上各种不良信息的诱惑，合理利用网络。

教师对有越轨行为和极端心理的学生要做好耐心细致的引导，对违纪学生要给予帮助和教育。在组织学生参加教育教学活动或者其他校外活动时，在活动前须对学生进行相应的安全教育，在可预见的范围内采取一定必要的安全措施，对班级同学出现的突发事件应及时会同安全保卫处人员、心健室老师做好教育处理工作，减少事故，防止学生违法犯罪。班主任还应查明半天不到校的学生旷课的原因，并配合家长进行教育指导；对一些连续无故旷课的学生，应及时上报校安全保卫处备案，或及时为其提供必要的法律帮助，严防不良事件的发生。

二、校园管理者主体

校长作为学校安全工作的第一责任人，应对全校安全工作全面负责。校长领导安全工作组开展工作，检查落实各部门安全工作；学校的副校长为有关处室及分管范围内的安全工作主管负责人，管理好所负责区域内安全工作的流程与进展，对所负责的工作负领导责任；各部门负责人是本部门安全工作的主要负责人，采取各种措施对本部门进行管理。教育行政部门负责安全教育课程的设置和课堂教学的安全（包括实验、声、体、美、信息技术教学等）；由政教处负责人负责填写与汇报学生课间活动的安全管理、学习期间发生的争吵纠纷、对学生开展系列安全教育以及学校的安全日志填写等;由学校的后勤管理部门负责学校的设施设备安全、学生的食品卫生安全及用水、用电的安全等相关工作;住宿学生住宿期间的安全管理和学校治安及周边环境治理,则由宿舍管理中心和保卫科牵头负责。

学校管理部门应根据国家法律法规和有关部门的规章制度,建立健全学校安全管理工作制度,科学设置组织机构和岗位职责,及时提供必要的应急物资保障和经费支持,提高学校管理者、教职员工和学生的事故应急能力及自防自救能力。采取有效措施,引导学校开展有针对性的预防工作,推动学校完善预防组织,完善制度,将责任分解到部门和具体负责人。教育行政部门应当对学校开展的应急知识教育进行监督,并且依据各项规范制度,指导学校制订校园安全的应急预案,并定期组织应急疏散演练。在发生政治性事件、社会群体性事件等重大突发事件时,管理部应当立即启动应急预案,立即让学生转移或找寻安全的地方进行避难或采取其他必要的安全防护措施,来确保学校以及师生的生命、财产安全。

第三节
群体性突发事件的学生自我管理

新时期的学生在多元文化、竞争激烈的社会环境中不断成熟。他们虽然情感丰富,但不稳定;虽有强烈的求知欲,但鉴别力不强;他们开始关心社会发展,但阅历尚浅,认知较轻率。当前学生个体意识、竞争意识强,且个性鲜明,特别是在进入大学后自主认知更多,在纷繁的社会中他们往往表现为政治立场不坚定,价值取向不稳定,产生怀疑和迷茫的情绪。在校阶段正是脱离父母和家庭而融入社会的心理断乳期,处于这一特殊成长阶段的青年学生,特别需要应急教育给予相应的引导与帮助。校园学生群体性事件发生的内因在于校园学生正处于心理发展不完全成熟阶段,因而具有不稳定性,易受外界或外部因素的影响和干扰,特别是其思想观念,易受国际国内形势影响,从而产生不适当的冲动行为。而且，在无所不在的群体压力和群体互动环境下，学生长期成长在相对封闭的、且相似性极强的同辈群体中，个人难免会放弃自己的某些独特性思想、价值观念或行为表现，而选择采取与大多数人相一致的行为，以表现自己的群体性。学生的这些心理特点及想法观念，在一定程度上提示了他们是校园群体性突发事件的高危人群，更决定了学生群体易成为突发公共事件的受众群和参与群，因此学生是作为校园群体性事件的主要教育对象，也是应对群体性事件的主要主体。

一、积极与教师沟通交流

完善学生利益诉求表达机制，应包括很多途径，其中保障学生畅通地与教师沟通是十分重要的途径之一。随着我国依法治校进程的推进，随着"平衡论"逐渐取代"管理论"成为行政法的理论基础，学校对学生的管理理念开始由"管理"转为"服务"，学校应重视协商、指导、契约等非强制性行政手段的运用，逐渐关注学生的主体地位和利益诉求，重视学生对学校管理、决策过程中参与权的实现。在对学生群体性事件的治理过程中，开始由校方独自处置模式转向校生双向协商模式，并试图在学校管理权的依法行使和学生权利的保障之间形成一种动态的平衡，以实现和谐校生关系为终极目标。

学校在畅通学生利益诉求表达渠道和完善学生利益表达途径方面下大力气，让学生的合法利益诉求可以畅通地表达。学生也应积极与教师沟通，表达自己的困惑与现状，及时得到对于问题的科学、合理、有效的解决，并且也能够得到校方有关部门及时、有效的反馈，最终使得这些利益诉求能够得到真诚、切实的解决，化解校生纠纷，达到预防校园群体性突发事件的最终目的。

二、树立正确的人生观与价值观

学生树立起正确的人生观与价值观，对其自身的安全及未来的发展都具有十分重要的意义。青年学生的人生观与价值观形成的关键时期是在校学习阶段，这也是心理趋向成熟发展过渡的一个重要转折时期。因此，学生要在学校的教育教导下树立正确、科学的人生观。正确的人生观就是指学生对人生问题的看法，包括人生的意义、目的、态度和理想等都是积极向上、符合时代发展需要的；学生也要对身边的客观事物采取一种正确、客观的认识与评价。树立正确的人生观、价值观，有利于学生树立崇高理想，拒绝庸俗的"低级趣味"；同时，树立正确的价值观，也有利于学生追求正确的金钱观，拒绝"拜金主义"，有利于未来与竞争对手开展良性竞争，拒绝"打击报复"。树立正确的人生观和价值观，可以有效地丰富学生的生活和社会阅历，增强学生应对突发事件的能力。

三、加强思想文化与政治安全学习

当学生面对国际上突发的国家之间的领土争端及冲突等政治性事件时，因这类突发事件会对学生的政治意识产生冲击，也会在一定范围内使其对现有政治主张产生质疑，因此树立正确的政治理念与立场，能在一定程度上降低校园群体性突发事件的发生概率。

面对复杂多变的国际安全形势与政治格局，作为未来国家主力的学生群体，应继续发扬中华民族艰苦朴素的优良传统作风，充分利用在校学习时间，努力学习科学文化知识，自觉抵御内外敌对势力的各种渗透活动，了解时政新闻及国家政治形势，履行自己的权力与义务。

四、发挥学生社团的正面作用

近年来，学校学生群体性突发事件呈现出时有发生、并有所增长的态势。这表明社会转型导致了校生之间的利益冲突，但学生利益远未得到有效的解决，学生社团组织不健全往往会沦为学校政策上传下达的工具，而非学生利益的代言人，因而分散的学生个体很容易被卷入到校园群体性事件中。解决学校学生群体性突发事件的出路，不在于消灭学生利益的多元化和冲突，而应促进学生的分散利益的组织化，充分发挥学生社团对于校生冲突的缓冲作用。有效的学生社团组织，可以使学生分散诉求的利益得以整合和协调，利益组织化是抑制学校学生群体性事件的重要途径，如果没有有效的组织来整合学生分散的利益，就不可能在校生之间引入理性对话和协商的冲突解决方法，也无法指望学生能通过学生社团中的"学习过程"培育理性、负责的公民精神。

某校园学生群体性事件

2005年某日晚,某学校发生了恶性学生群体性事件。据媒体报道:"该校数千名大学生因不满学校滥收费用,在该日晚上举行示威。这起校园群体性事件持续到次日凌晨,学校损失近百万元人民币。"

在事件发生后,媒体记者对事件发生的起因进行了随访调查,据学校的一位工作人员反映:当晚有2000多名学生参加了这次群体性事件,凌晨2点左右学生们聚集在五、六教学楼前示威。示威喊话一直持续到天亮,在学校领导出面和学生进行协商后,并答应退还水电费,这次事件才慢慢平息下来。当日上级部门出动了很多警车和警察。据当时一位参加游行活动的同学说,"晚上10点左右有成百上千名男学生开始行动,整个活动中示威学生烧毁了2辆汽车,砸坏了4辆,除了教学楼和图书馆,所经之处均未能幸免,基本都被砸坏。在恶劣群体性事件刚开始时,学校有关领导就立刻出面进行了阻拦,但遭到了气愤的学生的围击"。当示威队伍回到学生公寓楼下时,发现又有数以千计的学生在此集合,示威活动遂进入第二次高潮,该事件产生了非常严重的恶劣影响。

(来源:中国高校人文社会科学信息网)

思考:1. 校园群体性突发事件有何特点?
2. 校园管理者及教师应如何面对上述案例中的校园群体性突发事件?

复习思考题

1. 我国群体性突发事件的发生原因有哪些?
2. 校园群体性突发事件应对主体包括哪些?
3. 学生在面对校园群体性突发事件时应如何作为?

参考文献

[1] 张继红. 高校学生群体性事件之法律防治对策研究 [D]. 长春：吉林大学，2014.

[2] 李蔚然. 基于突发事件的大学生思想政治教育研究 [D]. 武汉：中国地质大学，2013.

[3] 程蓉. 高校群体性突发事件的网络舆情引导研究 [D]. 武汉：武汉纺织大学，2013.

[4] 吴頔. 思想政治教育视角下高校突发性群体事件研究 [D]. 南京：南京理工大学，2013.

[5] 周丽娟. 高校突发事件的成因与对策 [D]. 苏州：苏州大学，2013.

[6] 李忠春. 高校群体性突发事件的预防与处置 [J]. 人民论坛，2013（5）：152-153.

[7] 于艳玲. 高等院校应急管理体系的理论研究与实证分析 [D]. 武汉：武汉理工大学，2010.

[8] 徐海捷. 高校突发事件及应急管理机制研究 [D]. 福州：福建师范大学，2010.

[9] 刘伟. 高校应急管理能力研究 [D]. 徐州：中国矿业大学，2009.

[10] 陶应勇. 高校学生群体性突发事件成因分析及应对策略 [J]. 河南师范大学学报（哲学社会科学版），2008（4）：215-217.

[11] 李栋，周静茹. 突发事件预防与处置实务 [M]. 北京：中国政法大学出版社，2016.

第七章 校园安全类突发事件防控与管理

第一节 校园安全类突发事件概述

第二节 校园安全类突发事件应对举措

第三节 校园安全类突发事件的学生自我管理

第一节
校园安全类突发事件概述

学校是培养社会主义建设者和可靠接班人的重要场所，校园的安全和稳定至关重要。要保持这样的局面，就需要学校建立起一套科学合理、切实可行的突发事件应急预案。本章对校园安全管理中常出现的几类问题进行分析与阐述，以校园安全管理各主体为视角，以学生自我管理为主要内容进行应对方法的阐述。

一、校园安全类突发事件的分类

近年来，随着兴办综合类院校、改建开放式校园和各类学校的大规模扩招，生源结构、校园环境及所面临的各类发展环境日渐复杂。校园安全问题可归结为以下常见的几大类。

1. 校园校舍安全

学校的校舍是学生学习和生活的主要场所，其结构质量和构建安全直接关系到校园广大师生的生命安全。学校校舍安全是指不出安全事故的状态，同时校舍的建设和使用过程没有安全隐患。保证学校的校舍安全是学校开展教学活动最基本的条件，是维护学校正常办学秩序、保证教育改革深入进行和健康发展的基本要求，也是学校安全管理的基本职责。

校舍安全突发事件包括由硬件设施（如建造结构、屋面、楼地面、门厅和走廊等设置不合理或老化导致的房屋坍塌、裂痕等）导致的事件；因通风换气不合理而出现的集体中暑、中毒等事件；也包括由于宿舍人员管理疏忽出现的人员伤害、校园暴力等事件。

2. 校园设施设备安全

学校教学设施设备包括教学设施和教学设备。良好的教学设施设备是维持教学活动顺利开展的必要条件，因此教学设施设备安全问题是校园安全非常重要的环节。学校教学设施设备突发事件包括由于计算机、投影仪等设备年久失修出现的掉落事件，不合格体育设施设备进入校园而对学生产生的慢性伤害及急性损伤，还包括由于实验室安全问题、多媒体设施设备、变配电室、消防安全设施等的管理不到位出现的校园突发事件。

3. 校园特种设备安全

特种设备主要包括涉及生命安全，且危险性较大的锅炉、电梯、起重机械、学校内专用的机动车辆等。特种设备体积大、操作过程复杂、零部件多等特点导致其具有较大的危险性，如果使用、管理不当容易发生人员伤亡、财产损失等安全管理事故。随着学校的不断发展，锅炉、电梯等特种设备也开始在学校投入使用，推动了学校的快速、高效、正常发展，但是学校人口密集，一旦发生特种设备安全事故，后果将十分严重，这就对学校特种设备安全管理工作提出了进一步的严格要求。

在放学和下课时由于人流量过大，导致在楼道、门口等黑暗和狭窄的地方互相争先而造成挤压、踩踏等事故。当学校楼房走廊栏杆的高度不符合要求时，学生极有可能因栏杆高度不合理而发生某些意外。体育设备不定期检查、维修、更换以及某些校园设施出现老化现象但仍在强制使用而导致的事故。

4. 校园消防安全

校园安全隐患的重要因素之一是电器使用不当而引起的校园火灾。消防安全要做到警钟长鸣。学生寝室是消防安全的主要监管区域，在寝室区发生的任何消防事故都是大事故，绝不能掉以轻心。学生寝室人员密集，尽管有严格的监管制度，但仍有部分学生违反规定乱搭网线，违规使用大功率电器，这些行为都给校园安全埋下隐患的种子。调查显示，有的学生经常违规用电、用火，有的学生偶尔违规用电、用火，只有极少数学生严格按照学校规定使用电器设备。可见，学生的消防安全意识不够强，忽视了校园消防安全的重要性。

5. 校园信息安全

信息化背景下，学校与学生之间沟通的重要桥梁之一便是互联网，互联网的快速发展，不仅方便学校管理，而且可以无阻碍地增加师生之间的联系。但是近几年来，校园的互联网信息安全问题成为校园网络安全面临的重要问题之一。当前我国信息技术的发展呈现发展迅速和技术成熟的特点，但也由此而导致了各种各样的信息安全问题，学校因此发生了各类各样的信息外泄问题。例如，网络上存在的计算机病毒，侵入计算机会影响数据的传输和运行，甚至导致系统的瘫痪与停滞。更有一些不法分子利用合法用户的密码获得合法身份，来篡改、破坏校园网络信息，买卖或泄露师生信息。校园网络系统被破坏后，对网络运行产生巨大影响，会直接影响用户使用。恶意攻击行为会使数据丢失，引起校园网络的安全问题。

二、校园安全类突发事件的诱发因素

校园安全管理要以"预防为主"，校园安全管理是学校各项工作平稳运行的重中之重，从众多的校园安全事故案例中，我们不难发现许多事故都是由于管理工作不及时导致的。校园安全类突发事件发生原因可主要归结为以下几点。

1. 制度构建原因

近年来校园伤害事故频发，社会关注的目光越来越投向校园安保建设，大量的人、财、物支持开始向安保部门倾斜。但是，有关校园安保管理的突发事件依旧层出不穷。究其根本，在于学校没有完善的校园安全管理制度，而没有完善的上层设计，就不可能解决根本性问题。任何不全面、缺乏政策指导的补漏洞方式，都是低效、滞后的。就法律规范而言，目前我国关于校园安保管理还是一个空白领域，这就使得学校在校园安全管理事件的处理上处于无法可依的状况。多数涉及校园安全管理的法律散落于教育法、未成年人保护法等条款中。2002年教育部出台的《学生伤害事故处理办法》一定程度上为此类事件的解决提供了指导。

法律规范的缺失直接导致在发生校园安全管理相关事件时，校园安保队伍责任分工混乱。我国学校多有着分级管辖的责任制度。但是由于没有相应的规范制度，各学校的安保负责人多分散于不同的部门，从后勤到教务，都不同程度和安保挂钩。表面上看起来安保团队庞大，涉及人员众多，但真到事件发生时，相互之间责任推诿，互相指责，反而极其不利于事件的解决。由此可以看出，制度问题是引发校园安全管理出现问题的重要原因之一。

2. 团队建设原因

校园安全管理团队的建设是保障校园安全的关键，安保队伍是我国校园中负责校园安全的最直接力量和第一接触者。近年来，学校学生不断增多，特别是由于学校基础设施的改善，校园内施工人员、车辆大幅增加，校园安全管理出现不足，这也使得校园安保面临更大挑战。可在当下校园安全管理队伍构建存在两大问题：一是安保人员素质参差不齐；二是安保配置有待提高。

首先，学校的安保部门由两部分组成：学校保卫管理人员和安保人员。前者大多是学校行政部门员工，他们大多有着较高的学历背景，素质相对较高；后者则大多属于临时招募、组建的团队，这些安保人员没有固定编制，也没有相应考核标准和考核期限，能力要求也较低，学历一般为专科及以下。但后者却更为直接地与校园师生接触，在有危机出现时直接面对事件。对他们而言，专业技能、应急处理能力的要求反而会更高。但是他们的能力与要求不匹配状况更为严峻。

3. 外部环境原因

外部环境问题是校园安全管理出现问题的潜在诱因。任何一所学校都不能脱离其存在的外部环境而进行校园建设，外部环境状况对于校园安保尤为重要。现代开放办学的发展环境要求校园开放面向公众，在一定程度上使校园成为公共开放空间。参观访学的需求使得外部人员可以随意进出校园，这在一定程度上也直接增加了校园不安全因素，也给校园安全管理工作带来很大困难。近年来学校发生的盗窃事件不断增加，在一定程度上与开放的学校环境有关。

同时，一般学校园区周围存在较多餐馆等休闲娱乐场所，在校学生会与这些场所频繁接触，这些场所人员的素质也是安全管理的不可控因素。比如在高校，每年新生季，各大外卖网站为了扩大用户，大幅度降价优惠，众多学生会选择外卖形式点餐。而外卖人员穿梭于校园中，多采用电动车作为交通工具，这样，快速行驶的电动车对于校园内来往的学生造成了安全隐患。再加上大量不明身份的外卖人员随意进出校园，也可能会造成校园暴力和失窃事件的发生。

4. 学生心理建设原因

除了上述几方面问题，当下学校学生的心理建设也是非常重要的原因。2014年女大学生失踪、受侵害事件屡屡曝出，社会上掀起一股关于"女大学生是不是弱势群体"的讨论新热潮。有观点认为，"女大学生是弱势群体"本就是一个伪命题。与社会上缺乏必要生存能力和生存手段的弱势群体截然不同，这些女大学生具有高学历和高素养。她们频频遇险在于其缺乏相应的逃生能力，最主要的还是安全教育的缺失。她们较为单纯，对于社会存在很强的信任感，也正是因此才频频成为图谋不轨者的目标群体。这其实也是当下学生共同面临的问题：安全教育的缺失使得他们缺乏自我保护能力和应急处理能力，为校园生活埋下重重隐患。

再者，就是学生群体心理素质普遍较差。当挫折发生时，他们常常不堪一击，当感情受挫、学业受挫时，他们从心理上难以得到开脱，从而走上轻生之路。更有甚者，因为自我压力无法舒缓，而选择伤害周围的老师同学。

三、我国校园安全类突发事件的现状及特点

1. 我国校园安全类突发事件的发生现状

目前我国校园安全类突发事件的发生呈现两个非常明显的趋势。一是安全事故具有突发性和群发性的明显变化趋势。信息时代学生在网络上接触的人群复杂多样，学生的心理和情绪也很容易受外界影响，容易在过激的言论刺激下冲动犯错。这就要求安保工作要做好快速响应的准备，以便一旦发生冲突时能快速介入处理。二是校园管理某些方面安全隐患潜伏深、问题新。与传统的安全问题不同，网络和电信引发的新型校园安全事故占比越来越大，如窃取机密信息、地下网络传销、利用大功率电台帮助集体考试作弊等。这类问题具有隐蔽性和不易发现的特点，这同样对校园管理提出了新的要求。

当前，各个学校都把安全工作看作是全局工作的重中之重，从整体上来看对校园安全工作逐渐重视，但是我国大部分学校在具体的校园安

全管理方面还存在一些问题,如学校安全保障体系不完善,这导致在某些情况下出现这种重视的理论化和政策化,而日常安全管理的松散问题仍然存在。一般来说,现在学校领导大多把注意力放在教学科研上,他们的精力和投入大部分体现在教学科研的改进上,相比之下对学校的安全管理工作则缺乏一定的重视,某些学校的领导认为只要学校常规的安全设施和安全教育能够正常发挥作用,就不会有什么重大的安全问题出现,这种观念存在一定偏颇。这种思想的直接后果是学校安全体系不能与时俱进,安全管理形式化。而且,在日常安全管理中,校园安全管理队伍松散,对一些小问题的安全责任追究不到位。学校安全管理总体上处于正常状态,但没有确立起有针对性的安全事故措施和预警机制,缺乏有针对性的管理。一旦突发安全事件,势必给学校造成严重的负面影响和无法弥补的损失。

2. 我国校园安全类突发事件的特点

(1)多样性　所谓多样性是指校园安全类突发事件的多样性,既包括影响学校和社会稳定的群体性突发事件、公共卫生事件(在第八章中具体介绍)、安全事故、甚至导致师生受伤的自然灾害,也包括其他影响学校安全稳定的突发事件和社会性事件。校园里的安全隐患和自然界中存在的自然安全隐患一样,都是客观存在且多样的,因此了解和认识到校园安全隐患的客观存在是正视校园安全问题、消除校园安全风险的重要途径之一。

(2)突发性　由于学生群体的特殊性,校园安全类突发事件的防控在近几年越来越成为教育领域与安全保障领域关注的重点。由于校园安全事件会对学校和社会稳定造成一定危害,应对校园安全事件已成为当前校园安全管理研究的重点之一。校园突发事件的发生通常具有突发性、偶然性、随机性、不确定性的特征,其发生的时间、地点、类型、方式以及产生的影响程度,也往往根据校园的环境及外部处理方式不同,而展现出不同的特征。与常规范围内和可预见范围内的事件相比,校园群体性事件往往超出人们的一般思维,导致人们猝不及防,面对突发事件束手无策,陷入一筹莫展的境地。尤其是在校学生正处于成长和发展阶段,他们在身体、心理、智力等方面都不成熟,缺乏生活经验,再加上本身应对突发事件的能力较弱，都会导致校园安全突发事件的突然发生及扩大化。

（3）敏感性和社会性　校园安全类突发事件的敏感性包括发生地点的敏感性、涉及人员的敏感性和引发问题的敏感性三重含义。校园突发事件往往都是一些十分敏感的问题，如政治问题，学生安危问题。学生安危出现问题，牵动着家长敏感的神经，一旦发生，往往会引起社会的广泛关注。

某学校在建宿舍楼塔吊倒塌致1死2伤

2016年某日，某学校在建宿舍楼发生安全事件。一台塔吊在施工过程中倒塌，造成3人受伤，其中1人经抢救无效死亡。

宿舍楼施工现场，近百米高的塔吊倒塌，造成3人受伤。记者进入宿舍楼旁的施工现场，塔吊仍倒塌在地，附近堆放着大量砖块和钢筋。工地处于停工状态。但施工现场与学生宿舍之间没有挡板，仍存在安全隐患！

塔吊底座是活动基础，本身存在安全隐患，同时加之使用方法不正确，使得塔吊的危险性更高，为事故的发生更添一份危险因素。工地对塔吊安全重视程度不够，超载问题普遍存在，没有起到很好的监管作用。

（来源：新华网）

第二节
校园安全类突发事件应对举措

一、教师主体

提高学校的安全管理水平，尤其应充分发挥优秀教师队伍在学校管理中的作用，充分调动教师在学校管理中的主动性和创造性。学校的管理水平要体现在如何最大程度调动广大教师的工作热情,而不仅仅体现在如何制订、完善规章制度,或是解决了几个棘手的问题,完成了几个艰巨的任务上,要引导教师人尽其职、人尽其力。

在构建安全管理的网络时,安全管理部门需要将教师纳入其中,他们对学生的影响力和公信力会使得安全教育更能深入到学生群体中。可以尝试定期开展教职工的研讨会,收集教职工的意见,了解他们对于安全管理工作的看法和意见,也可以通过这些活动获取学生的思想动态,从而搭建起一个完整的安全教育平台。保证与学生的沟通交流,建立畅通的沟通机制和信息反馈机制。同时,定期的讲座宣传教育、帮助学生提高安全意识和能力的其他活动也是必不可少的,对于当今学生而言,他们不是不懂得安全的重要性,而是缺乏时刻保障自身安全的意识和能力。因而,对这些学生的教育需要更贴近他们的生活,让他们切实认识到危险存在于方方面面,不能存在丝毫的侥幸心理。

二、校园管理者主体

校园安全管理是一个系统工程,需要整个系统协调配合,不可能单单依靠几个人去负责完成。对于校园管理部门来说,需要建立一个由权威负责人牵头的团队,对整个校园安全工作做好整体部署和战略规划。校园管理主体可采用签订各部门的消防安全分级管理责任书和治安综合治理分级管理责任书的方法,全面落实"安全自查、隐患自除、责任自负"的消防安全管理职责。这样可以使各个部门主动协调各自工作,增加他们对校园安全管理工作的关注力度和支持力度,真正把平安校园创建工作渗透到学校各项工作中去,形成"事事离不开安全保障,人人关注安全管理,方方面面支持安全工作"的良性局面。

鉴于当下高效管理体制的改革,各大院校的安全管理工作中的一部分交由专门的物业公司规范管理。但是这些物业安保人员普遍年轻化,经验与资历浅,应急处置能力与技术弱,学校安全管理部门可以会同物业公司有计划、分阶段、有针对性地组织实施物业安保年度培训,使全体物业人员牢固树立安全保卫工作中政治意识、大局意识、群众意识、法制意识和"以人为本"的服务意识,坚持文明用语、规范服务。

在学生参与和配合学校安全类突发事件的管理过程中，学校要赋予学生充分的建议权、行动权、咨询权、评议权，让学生能够通过行使自己的权利，参与校园管理，为学校安全管理提出学生的视角和观点，完整地参与机制的建设（参与途径、形式、程序和原则四个方面的内容）。对于学生的需要要充分落实，让学生学会如何做选择，减少被动参与校园管理的现象。只有教学相长，学校和学生才能实现共同进步。

第三节
校园安全类突发事件的学生自我管理

安全的主体因素强调的是对人的保护，学生作为校园环境中最庞大的群体，应增强自我约束意识，由被动的被管理者转变为主动的参与者，由认同走向自律，从而有效发挥学生群体的作用，学生自身因素对校园安全管理工作具有重要的影响。

一、提高自我管理意识

在校园安全类突发事件发生后，学生应自觉提高自我管理意识，也可通过组建学生志愿者团队的形式来与学生团体相互监督、帮助。构建学生志愿者团队，不仅在同学中起到带动作用，增强学生的安全意识，也可以通过学生的切身真实经验增强他们应对突发事件的能力。

各学校可以结合自身的情况，适当将权力下放给学生，由学生队长负责整个队伍的日常工作，各组员负责填写每日的信息上报表，由各组长组织每周召开一次碰头会，收集、整理一周校园信息，汇总至保卫处带队老师。教师应在了解舆情信息和校园动态后，向有关部门反映意见，向学生传达上级部门制订的安全管理相关安全信息。充分发挥学生积极性，让他们在日常做好安全信息员，利用学习之余巡视校园，及时关注所负责楼的动态信息,留意收集学校重点部位的安全隐患信息(例如火灾、集会等),收集学生对学校管理和其他影响校园稳定发展因素的意见和建议。有针对性地召集学生成立志愿者队伍,通过他们及时收集学生中的反馈信息,鼓励其做好协理员,遇到冲突、非法集会等突发事件时第一时间反馈,同时协助物业安保维护现场秩序,帮助协调沟通。这些志愿者们还可以充当治安员的角色,及时发现、报告、制止校园盗窃行为。有效落实校园安全管理群防群治工作,有效杜绝校内各类案、事件的发生。

二、配合学校相关管理工作

学生要积极主动配合学校安全管理工作,发挥学生特长,结合时代工具,积极组织各类安全防范宣传教育活动,张贴宣传海报,建立宣传志愿者队伍,举办安全知识讲座。通过这些宣传活动的开展,让学生在增长安全防范知识的同时,也提升了自我防范的意识。但是,有效的宣传还需要结合当下学生群体的特征以及他们的观念,单纯的说教式宣传可能会带来学生的反感和抵触。对于学生而言,多途径、多趣味、寓教于乐的形式会产生更好的效果。

三、发挥学生管理团体作用

学生社团是联系学校与学生之间的桥梁,它的角色与社会中层组织相似,是学生触手可及的、可以进行利益表达的学生组织。因此,增强学生社团对学生利益的有效表达功能,可使利益表达通畅,从而可对学生群体表达利益诉求的行动起到有效的抑制作用。同时通过学生社团对学生利益诉求的收集,可以及时上报到学校,促进校方及时解决学生迫切的利益诉求,完善相关管理制度,从而将校园安全事件化解于萌芽状态。

学生社团作为学生与学校之间矛盾、冲突的缓冲带,可以整合、协调个体学生的分散利益诉求,从而实现与校方更加有效的沟通、协商、对话。而经过组织化的个体利益(学生社团)与学校之间的沟通、合作,将为学校稳定与和谐发展提供可持续的保障。

清华大学校园规划和基本建设理念共享

清华大学的校园里没有喧嚣的世界，只有静静的阳光透过树叶洒在小路上，充满了迷人的气息。清华大学基础设施规划在管理体制、规范化管理、校园基础设施规划理念和建设内容等方面具有先进经验。下面是清华大学基础设施规划系老师为我们解读的国内高校建设（节选）。

问：清华大学是中国乃至亚洲最著名的高等学府，它一直广受全国的关注。您能否与我们讲述一下清华大学在校园规划和基建方面的优秀、先进经验？

答：前段时间，我们学校刚组织相关人员去南方的几所高校做调研研究。一般来说，根据当前的任务，每个学校都有自己的一套做法和经验，可以解决当前发展阶段的主要问题和矛盾，值得我们学习和借鉴。我主要介绍以下几点。

（1）从20世纪初建校至今的100余年间，清华大学经历了九次校园规划。清华大学源于清初的皇家园林，其主校区位于北京西郊。这座美丽的大园林被历任校园管理者视为及其重要的历史文化资源加以保护和利用。期间，在美式校园、苏式校园、现代校园等各种校园建设思潮的影响下，原有的山形水系、空间形态和建筑风貌依然保存完好。以皇家园林为基础，实现校园规划、建设、发展的有序统一，在世界上尚属罕见。

（2）当前，我国高等教育进入了真正的大发展时期。在全国范围内，大学城和新校区建设掀起热潮。清华规划建设的增长速度比较平缓，没有真正建设新校区和大学城，选择了各院系和学生集中在主校区的发展模式，各种办学空间的增长以存量规划的形式完成建筑更新。土地结构体现出"蔓延"和"织补"的特征。

（3）在校园基建方面，清华大学主要采用"规划建设一体化、自主管理模式、项目管理与其他管理模式并存"的管理体制。首先，学校的基础设施规划办公室设置了校园规划和基本建设的职能，在一定程度上有利于校园规划管理贯彻于工程建设的整个过程，保证校园规划的整体有序实现。其次，在基本的建设管理中，采用功能体系和项目体系的弱矩阵模式，兼顾日常业务的并行管理（强调广覆盖）和重要项目的集中管理（强调业务深度），大多数项目都是在这个系统内完成的。同时，对于一些投资模式和施工技术比较特殊的项目，我们也引进社会优质资源，尝试项目管理模式和联合甲方模式。在短时间内，清华大学仍将以自我管理的模式为主要模式。

问：21世纪的教育一定要适应信息社会的需要。清华大学的信息化建设也值得其他学校借鉴。您对这个新型校园的信息化建设有什么个人的理解吗？对于正在向校园信息化建设过渡的学校，您能提出哪些宝贵的经验和建议？

答：我们现在处于大数据应用和管理的时代，为现代校园的信息化建设提供了非常好的时代发展背景和技术支持。学校信息化建设客观要求管理环节和管理流程规范化，否则信息化建设将成为无源之水。只要能实现校园信息管理，就很好。这些信息化数据的保存、统计、分析、发布和分享与现有的校园管理系统相关联，为当前校园管理提供了全方位的服务。现在，我们想要抵抗的不是信息化过剩，而是消极的信息化和伪信息化。

问：您能和我们阐述一下高校基本建设管理模式是怎样的吗？对于面临的问题，您认为我国高校基建发展方向是什么呢？

答：大学的基本建设管理方式从设置机构、配备人员等方面都千差万别，从管理主体来看，现在的大学基本建设管理模式基本上形成了自我管理模式和代理管理模式两种体系，只是在自管和代管工作界面具体的划分方式上有不同。考虑到我国大学内外部政策、管理环境具有不同的特点及特殊性，自我管理模式在一定期间内会占据主体地位，且会长期存在。但不能忽视的是，选择代管模式的高校数量开始增多，代管模式的工作范围正在逐渐扩大。这种倾向形成的深层原因是，从大学内部来看，现在的人事改革的基本目标是裁员增效，传统的包罗万象的基建管理机构建制已成为历史；从大学外部看，提高模式整体监测和多元渠道投资体系基础建设工程管理绩效是各级政府的主要着力点。相关的职责划分、取费标准陆续出台，越来越多的建设代理企业开始涉足大学的基础建设管理领域。伴随着这个过程，在可以预见的未来，高等教育的基本建设规律将不仅限于大学的基础建设领域，而是被放在更加社会化、更加大众化的平台上进行讨论、认知和提升，大学管理力量和社会管理力量的结合也呈现出更加多样的局面和结果。

问：对于学校来说，必不可少的应该是教学楼的加固工程。在这个工程中，您能和其他学校分享您的经验吗？

答：清华大学主要有 6 栋公共教学楼。其中，已对 20 世纪 50 年代修建的第一、第二教学楼进行了加固，对 20 世纪 80 年代修建的第三、第四、第五教学楼进行了简单修缮。为了适应新的教育发展理念，必然伴随着教学楼的改造和加固。就第一、第二教学楼的工程实践而言，主要注意以下几点。

（1）所有的加固工程都是校园里的老建筑。无数校友在这里度过了青春，留下了深刻的回忆。在规划设计之初，它们都是校园内的老建筑，我们要尽可能多地收集、提取和保留原有的重要历史资料，特别是在重点公共部位，如大厅、门廊、走廊、楼梯间等，在涉及文保建筑时，更要重视历史信息的获取和整理。

（2）工程中存在的问题要统筹兼顾，有所为有所不为，不能按需供给地满足要求。而应因地制宜，在保留原有结构体系和建筑格局的基础上，进行适当的优化调整。不宜打大仗，特别是涉及结构安全和消防安全的问题必须引起足够的重视。

（3）技术问题相对容易解决，但难点在于统一建设理念。

要对教学楼有充分的认识，比如对教学楼的特殊性。教学楼对教师和学生开放，是高校教育环境的主体。创造优质的共享空间，传递全新的教育教学理念，以多样的方式和模式促进共享和交流。但是，老建筑往往存在公共空间面积相对有限，质量相对较差，公共服务设施不足，公共艺术氛围不足，对弱势群体的人文关怀不足等问题。这些问题在改造过程中应该得到充分重视。这样的建设目标需要在改造过程中发挥主导作用，作为化解矛盾的突破口，很多工作才能顺利开展。

（来源：搜狐网）

思考：1. 学校作为校园管理的主体应从哪些重点方面着手？
   2. 作为学生主体，能为校园安全管理做哪些工作？

复习思考题

1. 简述校园安全类突发事件的分类及特点。
2. 简述当前校园安全类突发事件的热点话题。
3. 简述当前校园安保工作方面有何不足。
4. 简述学生应如何参与到校园安全管理。
5. 简述当发生校园安全类突发事件时，学生主体应如何进行自我管理。

参考文献

[1] 潘秋艳，汪小宁. 高校校园非机动车安全管理现状、问题及对策研究[J]. 经济研究导刊，2020（13）：197-198.

[2] 董耀辉. 新冠肺炎疫情下的高校校园管理策略[J]. 江苏科技信息，2020，37（9）：34-36.

[3] 王成坤. 中职学校校园安全管理现状、问题与对策研究[D]. 福州：福建师范大学，2015.

[4] 杨惠栋. 高校校园安全管理问题与对策研究[D]. 上海：华东政法大学，2015.

[5] 任红玉. 面向精细化管理的基础教育数字化校园建设研究[D]. 武汉：华中师范大学，2013.

[6] 潘丽娜. 高校校园突发事件管理研究[D]. 合肥：安徽大学，2012.

第八章

公共卫生类突发事件防控与管理

第一节　公共卫生类突发事件概述

第二节　校园公共卫生类突发事件的应对举措

第三节　公共卫生类突发事件下的学生自我管理

近年来，我国突发公共卫生事件频繁发生，对人民群众的生命财产、经济发展、社会稳定和国家安全都构成了巨大威胁。本章解释了公共卫生突发事件的概念、类型、特点、危害等，结合公共卫生突发事件对我国学校的影响，思考学校应急管理工作中存在的问题，进而提出建立出更加全面、完善的公共卫生突发事件管理体系，提升应对突发事件的应急水平。增加学校管理者、教职工、学生对公共卫生突发事件的重视度，提升学生应对公共卫生类突发事件的自我管理能力。

第一节
公共卫生类突发事件概述

一、公共卫生类突发事件的分类

1. 概念

根据 2005 年通过的《国际卫生条例》，世界卫生组织（WHO）提出"国际突发公共卫生事件"是指"通过疾病的国际传播构成对其他国家的公共卫生风险，并有可能需要采取协调一致的国际应对措施的不同寻常的事件"。我国根据 2003 年 5 月发布的《突发公共卫生事件应急条例》将突发公共卫生事件定义为"突然发生，造成或者可能造成社会公众健康严重损害的重大传染病疫情传播、群体性不明原因疾病、重大食物和职业中毒以及其他严重影响公众健康的事件"。

2. 突发公共卫生事件的分级

根据突发公共卫生事件性质、危害程度、涉及范围，公共卫生突发事件可划分为特别重大（Ⅰ级）、重大（Ⅱ级）、较大（Ⅲ级）和一般（Ⅳ级）四个等级，其中特别重大突发公共卫生事件主要包括：

（1）肺鼠疫、肺炭疽在大、中城市发生并有扩散趋势，或肺鼠疫、肺炭疽疫情波及两个以上的省份，并有进一步扩散的趋势。

（2）发生传染性非典型肺炎疫情、人感染高致病性禽流感病例，并有扩散趋势。

（3）涉及多个省份的群体性不明原因疾病，并有扩散趋势。

（4）发生新传染病或我国尚未发现的传染病发生或传入，并有扩散趋势，或发现我国已消灭的传染病重新流行。

（5）发生烈性传染病菌株、毒株、致病因子等丢失事件。

（6）周边及与我国通航的国家和地区发生特大传染病疫情，并出现输入性病例，严重危及我国公共卫生安全的事件。

（7）国务院卫生行政部门认定的其他特别重大突发公共卫生事件。

3. 公共卫生突发事件的分类

（1）重大传染病疫情　在短时间内发生的传染病，传播范围广，患者人数众多，死亡人数多，其发病率超过了全年发病水平。例如上海1998年爆发的甲型肝炎事件。

（2）原因不明的群体性疾病　是指相对集中的区域范围内，较短时间内，同时或先后出现临床相似症状的患者，然后病例数增加，传播范围不断扩大，或暂不能作出明确诊断的疾病。例如2003年年初爆发的非典型肺炎，发生之初只知道这是一种相同症状的疾病，但对疾病病因、流行途径、诊断机制认识不清。随着临床研究的深入，逐渐认识到病原体是由冠状病毒的突变引起的。

（3）重大食品和职业性中毒事件　是指由于食品污染和职业危害的原因而造成的死伤病例众多的中毒事件。例如2002年南京汤山特大中毒事件。

（4）其他严重影响公众健康和生命安全的事件　是指导致严重危害公共卫生和影响社会稳定的重大事件的未指定群体。例如新发传染性疾病，群体性预防接种反应，群体性药物反应，重大环境污染事故，核和其他辐射事故等。

二、我国公共卫生类突发事件现状及特点

1. 我国几个有代表性的重大公共卫生突发事件回顾

（1）2002～2003年SARS事件　2002年12月，首例SARS（严重急性呼吸综合征，传染性非典型肺炎，简称"非典"）患者在河源市发病后入院，河源市将有关情况报告省卫生厅。2003年1月，中山市

陆续出现了几起医护人员受到感染的病例，广东省派出专家调查小组到中山市调查，向全省各卫生医疗单位下发调查报告；并将危重病人转送到广州部分大型医院治疗。截至2003年2月，广州市已经有100多病例，2例死亡病例。国家卫生部开始对广东发生的病例密切关注，派出专家赴广州协助查找病因，指导防治工作；发布推出了《非典型肺炎防治技术方案》。2003年4月，中国向世界卫生组织申报了所有案例，接受世界卫生组织协助调查，并组织公开防治。各省根据具体情况增设"非典"定点医院收治病例，推迟多项考试及招聘会，疫情逐渐得到控制。2003年8月，卫生部宣布全国非典型肺炎零病例，至此，中国内地共确诊非典型肺炎病例5327例，死亡349例。SARS疫情结束，政府宣布大幅增加卫生和防疫资金，并在全国各级建立疾病预防和控制中心，特别是增加了对农村地区的经费投入。

（2）2004年"禽流感"事件　2004年伊始，人感染禽流感（以下简称"禽流感"）在全球15个国家和地区爆发，全球死于禽流感的人数达到101人；大部分死者来自亚洲国家，越南、泰国等国家的疫情尤为严重，死亡病例达42例。我国广西、湖北等省份也陆续发现疫情。国家高度重视禽流感防控工作，启动禽流感防治应急机制，国家防治高致病性禽流感指挥部成立，并采取了一系列重大措施，有力、有序、有效地开展防控工作，疫区大规模销毁禽类产品。2005年，中国共发生32起高致病性禽流感疫情，死亡禽只15.46万只，扑杀2257.12万只，疫情得到基本控制。

（3）2008年"毒奶粉"事件　甘肃等地报告了婴儿泌尿系统结石病例，溯源结果显示，患儿患病的主要原因是服用的"三鹿"牌婴儿奶粉中含有三聚氰胺。国务院立即启动重大食品安全事故Ⅰ级处置预案，查处三鹿集团等相关公司，对犯罪分子和责任人进行处理。全面进行奶粉市场整治，全面检查市场上所有婴幼儿奶粉，立即下架检查出的不合格奶粉。全力实施医疗救治，对患病的婴幼儿实施免费治疗。建立食品安全和质量管理机制，保障人民群众食品消费安全。

（4）2020年"新冠"事件　2019年12月，湖北武汉出现一例不明肺炎患者，后经研判可能为新型冠状病毒肺炎。国家卫健委工作专家组赴武汉督促指导当地疫情防控工作。2021年1月5日，世界卫生组织首次就中国武汉出现的不明原因肺炎病例进行通报。国家卫健委第二批专家组抵达武汉，修订完善了新冠肺炎的诊疗、监测、流行病学调查处置、采样检测等方法。

1月20日，国家卫健委发布公告，将新冠肺炎纳入传染病防治法规定的乙类传染病，实行甲类管理。30个省区市相继启动"重大突发公共卫生事件Ⅰ级响应"。取消大型活动；禁售活禽和野生动物；公共场馆限流；火车站、汽车站、飞机场，消毒通风、重点防控，全面测温。1月28日起，全国陆续有56支医疗队抵达湖北进行支援。2月4日，武汉参照"非典"期间北京小汤山医院模式建设的火神山医院交付使用，共设床位1000张，集中收治新型冠状病毒肺炎患者。2月末，浙江省杭州市率先推出"防疫健康码"，国家政务服务平台推出"防疫健康信息码"；至3月份，全国大部分地区都采用了健康码通行模式。

2. 公共卫生类突发事件特点

（1）突发性　突发性是指对于事件何时、何地、以何种方式爆发、爆发的程度等情况无法预料，难以准确把握。对于公共卫生事件，人们很难用最合适的方法来应对。在事件发生之前不能充分准备必要的技术手段、设备和物资。另外，目前的检测手段还不能快速识别各类突发公共卫生事件的成因，从而可能使有些突发公共卫生事件难于及时得到处置。

（2）紧迫性　在公共卫生事件突发时，由于紧急、危害严重、无法迅速处理，事件的危害会进一步扩大，并产生更大的影响。有些事件直接对人身或财产造成伤害，有些只是潜在的威胁，但可能需要很长时间，有些事件本身可能就是更大、更紧急事件的一部分。

（3）严重危害性　突发公共卫生事件由于事发突然、情况紧急、累计众数，会造成不同程度的政治经济损失和精神损害，破坏经济建设，扰乱正常工作和生活秩序，引发社会动荡。

（4）复杂性和多元化　突发公共卫生事件种类多，诱发因素多且复杂，在开始阶段几乎不明，非常不利于现场控制和救治。同时，现场应急处理、控制、运输救护、原因调查、善后处理等涉及多系统、多部门，必须在政府统一领导下综合协调处理。

（5）可防控性　随着现代科学技术的发展，人类控制和应急处置的能力不断提高，同样规模、破坏性的突发事件造成的损失也越来越小。如在当今社会人们逐步认识到许多传染病的特征，可以通过科学措施预防和管理，如隔离相关患者阻断传播，并采取注射疫苗的方式预防疾病的传播。

（6）群体性和公共性　突发公共卫生事件发生后，蔓延迅速，引起社会关注，成为社会关注的焦点。突发事件牵涉了大量人员和社会资源，其影响的不仅是个别人员和突发公共卫生事件所在地，在很多情况下，还很容易引起跨群体和跨地区的影响。

2019年布鲁氏菌病感染事件

2019年11月28日至29日，两天内，中国农业科学院兰州兽医研究所的口蹄疫预防和控制技术团队，通报了4名学生的布鲁氏菌病的血清学阳性。接到报告后，兰州兽医研究所立即派人陪同学生到医院治疗。

事件发生后，国家卫生健康委员会、农业农村部和甘肃省、兰州市相关部门立即成立调查小组，关闭了相关实验室并展开调查。同时，疾控中心积极配合校方，开拓绿色快速诊疗通道，全面、快速地对学生进行检查和诊疗。

截至2019年12月6日，甘肃省疾控中心共检测263人，疾控中心确认血清阳性65人。在血清阳性人群中，除个别人感觉不舒服外，其他人没有明显的临床症状。截至2019年12月7日中午12点，相关部门已经完成了对兰州兽医研究所317名师生的布鲁氏菌检测，其中有96人的血清呈布鲁氏菌病阳性，但目前均为隐性感染，无明显症状。

截至2020年11月30日，兰州市当地累计检测79357人次，重复检测10786人次，实际检测68571人，经省疾控中心复核确认，抗体阳性人员 10528 人。兰州市承诺将继续做好群众免费检测工作，规范相关制度规定，做到"应检尽检""愿检尽检"，对抗体阳性，并引起不良反应的人员进行免费、规范的疾病治疗，长期健康访问，做到终身健康负责。

央广网兰州 12 月 3 日消息，据中央广播电视总台报道，甘肃兰州市通报布鲁氏菌抗体阳性事件属地善后工作最新进展。通报称，截至目前，当地已有 1604 名布鲁氏菌抗体阳性人员接受了免费治疗，3244 人获得补偿赔偿，兰州市将继续督促足额保障后续善后处置和补偿赔偿费用。

（来源：央广网）

第二节 校园公共卫生类突发事件的应对举措

一、学生主体

1. 突发公共卫生事件产生的影响

（1）生理方面的影响　校园常发生的公共卫生突发事件主要有以下几种：急性传染病的流行和爆发、集体中毒、自然灾害、群体性暴力事件。学校由于具有高密度和群体性生活、学习等特点，大大提高了传染病的爆发概率，而且发生传染病后也极易通过接触快速蔓延至更广范围，波及并影响更多人群。突发公共卫生事件事发突然，若无法控制会导致较多人员伤亡。现场救助、事后医治耗费大量人力、医疗资源，社会物资，造成较大的经济损失，破坏正常教学秩序和校园生活的稳定。

（2）心理方面的影响　突发事件发生时，学生由于亲身的经历或被各种危机信息干扰后，会出现情绪上的波动，可能表现出一些异常心理和行为，例如焦虑、恐惧、恐慌；出现烦躁、回避、否认事实的情形，伴随有睡眠障碍、情绪反应激烈的躯体症状；严重者出现突发事件后的应激反应，甚至出现抑郁等心理问题。

2. 应对突发公共卫生事件存在的不足

（1）应对能力不足　学生的危机意识较弱，学生学习健康卫生知识和安全知识意愿不强，公共卫生意识淡薄，对公共卫生知识、常见传染病、自然灾害的预防知识等掌握不足，学生对面对突发公共卫生事件该如何应对、突发公共卫生事件后可能造成的危害等的认识十分有限。对于学校组织的一些防灾救助、预防传染病、公共卫生的讲座和演练的参与不够。

（2）心理承受能力弱　当代学生生活在一个高节奏、高压力的时代，他们所面临的学习压力、就业压力或经济压力不断增加，没有强大的心理素质，难以应对种种困难和压力。另外，由于从众心理，学生很容易受到环境的影响，一旦发生突发事件，会加重恐惧、焦虑情绪的蔓延。

3. 应对突发公共卫生事件需加强的方向

（1）接受突发公共卫生事件的安全教育　通过各种媒体开展突发公共卫生事件的安全教育，学生可准确、及时地了解突发事件的真相以及相关信息，快速掌握相关知识、概念、防护技能等，自觉参与应急预案的制订和实践。积极主动学习公共卫生知识，提高自我保护能力，养成健康的生活方式和习惯。

（2）接受自身心理健康教育　心理健康教育一般包括社交能力培养、耐挫折能力培养以及性格、情绪等方面的培养。积极参与心理教育可以帮助学生不断适应新的生活环境，学会生存、关心、交往，理解生活、生命的意义，培养健全的人格，促进自身的全面发展。

二、教师主体

1. 突发公共卫生事件产生的影响

突发公共卫生事件会对师生正常的校园生活、学习秩序造成冲击，如在控制传染病疫情时有时要采取部分班级或全校停课措施；在学校食堂食物中毒原因未查明之前，要停止供餐、停止饮用水的供应等。教师在应急处理过程中心理上会不同程度地出现紧张、恐慌、焦虑等现象，如果不加以控制，将不可避免地导致不良现象，如人际关系紧张和心理压力增加等。

2. 应对突发公共卫生事件存在的问题

（1）安全危机意识缺乏　近几年由于招生人数、教学规模的扩大，学校的管理者把主要的精力放在学校规模扩张和重点学科建设上，教师只重视日常教学，研究任务重，很少关注对潜在危机的管理，缺乏应对突发公共卫生事件的系统培训，多数教师在危机中表现得不知所措，无法作出理性的思考，基本上利用自己从实际中获得的一些零散的管理经验来处理紧急情况，面临危机容易反应过激，缺乏自救和帮助学生脱险的应急能力。

（2）应对能力不足　由于学校缺乏完善的应急体系和制度，导致教师对突发公共卫生事件应急预案的学习不重视，并且可能还会存在一些错误的理解，如认为应急管理就是保卫处、后勤处的事情，与教职人员无关。突发公共卫生事件爆发后，才开始寻求相关的应对方案，师生都会手足无措，导致局面迅速混乱恶化，从而导致学校在处置突发公共卫生事件时责任不清、分工不明，对应急预案的流程不知晓，措施不当，无法及时应对事件的发生。

3. 应对突发公共卫生事件需加强的方向

（1）善于面对与引导　教师应参与到学校应对突发公共卫生事件的组织建设中，明确在应急管理中自身需掌握的技能，在应急处置中应做的工作和承担的责任。宣传公共卫生知识与避险应急技能，讲解突发公共卫生事件的防控、应对实例，开展健康教育，和学生一起学习突发事件和公共卫生基本知识。熟悉校园突发公共卫生事件的预警信号，增强辨识校园突发公共卫生事件的能力，增强快速反应的能力。学习在面对突发公共卫生事件时应怎样应对，以避免盲目处理和恐慌心理。实施安全教育技能培训和应急预案演练，加强师生信息沟通和应对突发公共卫生事件时的配合能力，根据演练的结果评估预案的可行性，根据问题及时修改预案。

（2）多途径开展心理健康教育　心理健康教育的途径和方法不能仅

局限于心理辅导和心理咨询，还要以课堂理论教育与案例实践教育指导为基本教育渠道和环节，形成一种将课堂内外、教育与指导、咨询与自助服务紧密结合的心理健康教育体系，通过多种渠道推行教育内容，让学生了解心理健康的基本知识，优化心理素质，增强心理适应能力和社会适应能力，实现健康教育的预期目标。

三、校园管理的各方主体

1. 突发公共卫生事件产生的影响

（1）对正常教学秩序的影响　学校发生的突发公共卫生事件严重威胁到广大师生的身心健康，对正常的教育教学、生活秩序造成干扰。突发公共卫生事件的现场救助、原因调查和后续处理往往需要多个系统、多个部门的密切配合，严重影响着学校的正常秩序。

（2）对社会舆论的影响　如今我们生活在一个信息时代，互联网及微博、微信等自媒体的快速发展，使新闻传播迅速。校园公共卫生事件一旦爆发，网络和社交媒体上就会有各种各样的谣言和猜想。如果学校宣传部门没有在第一时间进行辟谣，不实信息就会不断发酵，引发师生的恐慌，继而影响到学校的声誉。

2. 应对突发公共卫生事件存在的问题

（1）缺乏危机意识　学校突发公共卫生事件从原因上可分为两大类。一类是自然灾害、重大社会事件等外部因素引起的；另一类是学校内部因素导致的，如群体性食物中毒、急性传染病的爆发、火灾事故等。学校管理人员危机意识薄弱，认识不足，管理不力，危机管理计划制订不力。学校管理者往往轻视危机管理，不具备危机管理的相关知识，对危机预防工作过分自信，未建立起制度化的危机管理体系，以致危机来临时难以及时采取措施有效应对。

（2）缺乏应对能力　学校应急管理概念落后，宣传教育不到位，心理危机干预不足，部分学校的公共卫生管理工作都是交由校医或其他兼职人员负责，不可避免地出现人员配置数量不足，医务人员身兼数职，物资短缺，设备老化等现象。学校配备的专职心理咨询教师数量远远不够，无法满足师生的心理问题咨询和心理健康教育的需求。

（3）应急管理组织机构不完善　学校应急管理组织制度、运行机制不健全，不能及时、准确地预见及阻止各类突发公共卫生事件的暴发。在公共卫生事件突发时指挥领导作用发挥不及时，各部门间协作不够，信息沟通不畅，权责不清。对于突发公共卫生事件应急预案的具体程序、步骤制订得还不够详细，大多只停留在理论层面上，并不结合本校的实际情况，没有现实意义。学校虽然开始有计划地开展一些消防演习、防灾救护演习等，但师生只是按照事先设定好的情节流于形式地走一遍过场，严重限制了师生应对突发公共卫生事件的灵活性，在突发公共卫生事件袭来时表现得手足无措。

3. 应对突发公共卫生事件需努力的方向

（1）加强体系制度建设　学校应对突发公共卫生事件处理效率不高的主要原因是缺乏有效、规范的应急制度，学校加强公共卫生应急机制建设，应在以下方面努力，如对应急预警机制、卫生设施、公共卫生紧急情况以及学校潜在危机进行定期分析，建立和改进预防措施以及随后的恢复机制等，具体如下。

① 预警机制。学校管理者应具有危机预警意识，建立一个预防和监督突发公共卫生事件的领导小组，由学校的负责人担任应急小组负责人，后勤、财务、医疗、安全、宣传等相关职能部门负责人作为成员，负责安排和执行各种决策和措施，组织协调，检查执行情况，并整理各个部门的信息报告。各方明确分工、共同努力、共同参与学校突发公共卫生事件的日常管理和危机预警管理。相关责任人定期开展检查工作，发现潜在问题及时整改。增加对公共卫生方面的投入，切实改善基础卫生设施和卫生医疗条件。增加学校校医院的医疗设备的配备，补充急救人员队伍，培训相关专业人员掌握专业技能。制订突发公共卫生事件学校应急计划，应急小组人员职责明确，可以迅速有效地应对突发事件，发挥提供现场抢险、维护学校秩序、稳定师生情绪的作用。

② 应对处理机制。建立信息报告系统并遵循逐级报告制度，领导小组接到报告后，即刻调集相关部门人员成立"现场指挥组"，按照事先制订的应急预案，分析突发事件类型，启动相应预案，采取应对措施。医务、后勤、财务部门做好医疗保障及生活保障；保卫部门参与现

场保护及维护校园正常秩序；教工、学工部门负责安抚稳定学生情绪和心态，疏导学生不良情绪。

③ 恢复机制。突发公共卫生事件紧急状况得到控制后，学校的重点应放在恢复正常的教学和生活学习上。突发公共卫生事件善后处理主要涉及身体和心理健康恢复的机制和责任追究的机制。

突发公共卫生事件发生后，有必要积极为受灾人群提供医疗救助和生活支持，为教师和学生提供心理咨询与健康教育，消除师生紧张、焦虑和怀疑情绪。及时采取心理干预，帮助应对压力，寻求专家援助。

依法追究事件责任人和疏于处理紧急情况的责任人的法律责任；情节严重的应该受到法律的惩罚；对于表现积极，在发现突发事件、处理突发事件过程中作出贡献的人员，对他们进行肯定和表扬。

（2）积极开展宣传教育工作

① 加强师生的安全教育和应急知识教育。学校应开设相关课程或定期组织相关的讲座、培训等活动，以提高师生的自救、防灾和逃生的能力，树立师生的防范意识，提升预防与应对能力。掌握自理、自救、互助的基本方法，定期进行演习以便老师和学生了解紧急情况的处理过程。

② 加强师生的公共卫生知识教育和健康教育。学校有计划地开设健康教育类课程，开展普及公共卫生知识的活动和讲座。结合季节性和地域，宣传普及突发公共卫生事件的相关预防知识，了解疾病的诱发因素、传播途径、干预措施，组织食品卫生知识和预防食物中毒的专题教育，提高师生员工的公共卫生意识。

③ 加强学生法制、纪律教育。学校应开设基础法制教育课程，增强学生法制观念；强化校规、校纪以培养学生良好的纪律观念，约束学生的不良思想和行为。

④ 加强学生心理素质教育。学校应设立专门的心理咨询机构，通过电话、面对面访谈等方式进行沟通，使有心理问题的学生尽快得到治疗，帮助他们尽快解决心理问题。加强辅导员和教师的心理危机预防培训，使他们掌握与学生的沟通技巧，及时发现学生的心理问题，并帮助学生采取正确的方法，尽早解决心理问题。

教育系统公共卫生类突发事件应急预案（节选）可参见附录。

案例链接

江苏省宿迁市某学校发生细菌性食物中毒事件

2016年5月26日,江苏省宿迁市某学校食堂发生一起细菌性食物中毒事件。截至26日下午4时,共发生食物中毒36起。这36名患者在食堂第一个窗口吃饭,而在其他窗口食用其他食物的师生没有中毒。所有食物中毒患者的临床症状基本相似。经学校医务室治疗,不良症状消失,均恢复正常;无需住院治疗,此后无新病例出现。通过对食物中毒事件发生地的调查,发现食堂卫生条件差,操作区、餐厅的防蚊蝇设施不全,苍蝇多,地面脏,操作台上的食物没有遮盖,而且大部分食堂工作人员没有按规定穿工作服。造成食物中毒的花卷包装后没有放入冰箱保存。第二天,工作人员只把花卷加热出售。食物被污染了,而且再加工的温度和时间也不够。

(来源:《中国卫生标准管理》)

思考:1. 学校在公共卫生与食品安全问题管理上存在哪些问题?

2. 如何开展校园健康教育和卫生安全教育?

提示:问题1可从提高学校卫生安全意识、改善环境设施、完善监管责任制度等角度思考。问题2可从创新宣传教育的模式、途径等角度思考。

第三节

公共卫生类突发事件下的学生自我管理

一、加强学生管理团体的宣传教育作用

1. 发挥学生干部的作用

学生干部是指学校以各类型正式的学生组织为单位,通过选举、推

荐等方式培养的优秀在校学生,具备学生领导者应具备的基本能力,并愿意在学校建设过程中承担组织、沟通、协调、管理和服务的职能。

学校的学生处部门及团委可以积极调动学生会、社团的力量,组建一支有集体主义和责任感的处理校园危机事件的志愿者服务团队。由学校党委团委领导,相关教师负责,学生干部负责协助开展公共卫生类突发事件管理相关工作,其主要职能是践行卫生安全宣传教育,危机管理中事故的预防和响应,保证事件处理过程中师生之间的信息沟通,并协助各部门处理事故,传达学校危机事故处理的最新情况。

学生干部活跃在校园生活学习的各个角落,与同学关系紧密,在校园内通过各种渠道及时报告相关的事故信息,反映新的或潜在的危机问题,并协助学校的相关部门稳定学生的情绪。

2. 发挥党员骨干作用

高校中学生党员是学生中的优秀群体,他们生活、学习并融合在学生集体中,他们更好地了解学生的需求和思想趋势。学生党员应有全局意识和责任感;学会倾听同学的声音,及时发现问题,并积极反映学生的意见和建议。学生党员应加强突发公共卫生事件相关知识的日常学习,加强对突发公共卫生事件应对能力的培训。一旦学校发生危机,能够保持清醒的头脑,发挥领导作用,并积极参与应急工作,以维护学校的安全、稳定和发展。

3. 发挥志愿者作用

学校可以组建一个志愿者团队以应对校园里的学生突发危机,定期进行特殊的健康和安全知识教育,培训紧急技能,提高志愿者发现和处理紧急情况的能力。根据不同类型突发事件制订应急预案,并用模拟场景等方式监测预案的实用性和灵活性。面对突发公共卫生事件,志愿者可以运用自己的专业知识和技能,以通俗易懂的方式向其他学生传授或展示专业知识和技能,以帮助学生理解和掌握。

二、树立正确的公共卫生安全与保护意识

1. 树立危机意识

危机可能会在我们社会生活的任意时间毫无征兆地爆发,危机意识

教育是指对相应人员在危机事件发生之前进行的教育和培训活动，目的是使相关人员时刻保持警惕，提高发现潜在危机的能力。它可以通过讲座、主题课程和其他形式进行。学生应主动学习安全和卫生知识，掌握突发公共卫生事件的诱因和发展，并从实际培训中学习，培养独立判断的能力，以便在危机中做出正确的决策和行动，从而化解危机。

2. 树立责任意识

仅仅靠学校的努力很难快速有效地解决校园突发情况，必须调动和依赖学生的力量。在预防阶段，学生可以及时找到潜在的危机，从而帮助他人化解不良情绪。在这个过程中，他们可以帮助学校进行紧急救援并维持学校秩序。在事后善后阶段，对于经历突发情况的学生进行心理疏导，帮他们重振对于生活的热爱和克服困难的信心，促进同学间的信任，并弘扬团结、友爱的精神，自我完善和相互帮助，摆脱危机带来的阴霾。

三、开展各类公共卫生主题活动

1. 开展安全与健康教育

安全与健康教育的重点应涉及疾病的预防、健康生活方式的指导与干预、心理健康的咨询与指导、性教育与生殖健康教育、紧急安全避险知识几个方面。使用黑板报、宣传栏、标语、广播、校园网络平台等形式大力宣传有关知识。学生通过健康教育的学习，掌握卫生健康知识，提高自身的预防意识和能力。开展公共卫生教育培训、专题讲座和安全应急培训班，探讨校园内可能出现的卫生安全问题和对策。积极开展健康和文体活动，如组织同学晨跑、晚间锻炼及各类球赛，增强学生体质，培养良好的卫生习惯和健康行为。

2. 举办应对演习

定期举行突发事件的演练和演习，加强学生的应急救援能力，掌握避险、逃生、自救方法的主要途径。参加演练活动可以增强学生的危机意识，提高学生自救互救能力；同时，在演习过程中也会使学生学会保持冷静、不怕危险、协调与合作、服从统一指挥。以便于在面对相同紧急情况时，可以采取正确有效的措施来积极应对，以最大程度减少紧急情况造成的影响和伤害。

湖南省某职业学院《关于做好新型冠状病毒感染的肺炎疫情防控期间职业院校教学工作的通知》：

一、实施目标

在新冠肺炎疫情防控期间，确保全校师生"零感染"。

二、总体要求

全体一、二年级在籍学生从返校之日起至疫情结束，在校园内学习、生活接受封闭式管理，无特殊情况不得外出。三年级实习学生按学校相关制度进行管理。

三、具体措施

（一）安全管理措施

1. 校门封闭管理措施

（1）学校大门为出入主要通道，全天24小时保安值班，封闭时间大门关闭，人员均从小门出入。

（2）全体教职工，每天出入校门接受值班人员体温检测，否则不予出入校门。

（3）学校封闭期间未经允许私自进出校门（含爬墙进出），依据学生违纪处分细则从严处理，并根据实际情况进行隔离观察。

（4）学生有特殊情况需外出凭请假条出入校门。

（5）原则上谢绝无关人员入校。外来人员入校办事，须相关部门签字确认，经体温检测合格并填写《外来人员登记表》后，方可入校。家长来校看望学生的，则由门卫打电话给所在班级班主任，通知学生到校门口会见，学生不得外出。

（6）教职员工车辆应在保卫科进行登记备案后方可进出校园，学校食堂送货、垃圾转运等车辆应在保卫科进行登记备案并发放通行证后方可进出校园，外来车辆（含个人私家汽车）禁止出入校园，如有特殊情况，确需入内，需相关部门确认保卫科批准后方可入校。

（7）疫情防控期间禁止外卖进入校园。

2. 外出请假制度

（1）封闭管理期间内学生有特殊事由需请假外出的，必须填写由学校统一印制的请假条经班主任确认、学生科审批并做好记录。学生凭请假条到门卫室登记，值班人员要做好记录方可出校，学生返校后凭请假条及时到学生科进行销假。

（2）封闭管理期间内学生因病需要到医院就诊的，班主任要马上送其到医院就医并打电话通知其家长，同时上报学生科。学生需外出购买药物时，必须由班主任批准，学生到学生科办理好请假手续方可外出。

3. 校园安全管理及巡逻制度

为了有效实施封闭管理，保卫科负责封闭式管理期间校园安全管理工作，制定好值班及巡逻制度。监督门卫对进出人员进行管理、测量体温并做好记录工作。值班人员在值班时间内在本人负责的区域内巡视各班学生情况，发现违纪学生要及时制止，并做好记录。

（二）新冠肺炎疫情防控管理制度

1. 晨、午、晚检制度

各班主任为本班学生健康情况检查报告第一责任人，每天统计患病学生人数及情况，负责本班学生的晨、午、晚检工作。对学生进行观察、询问，了解学生出勤、健康状况，并做好记录并上报。发现学生有发热（体温高于37.3℃）、乏力、干咳及胸闷等疑似新型冠状病毒感染症状或皮疹、腹泻、呕吐、黄疸、眼结膜充血、腮腺肿大、咳嗽等传染病早期症状以及疑似传染病，立即报告学生科，确保做到对传染病病人的早发现、早报告、早隔离。

2. 严格执行疫情"日报告、零报告"制度

（1）每天上午9时前，下午3时前，晚10时前班主任要如实、详细报告，实行"零报告"制度。

（2）患水痘、麻疹、风疹、腮腺炎等传染病的学生必须入

院隔离治疗，不得带病上课，直至病情痊愈、隔离期满，凭医务证明方可返校上课。发热学生退热48小时后才能回校。返校时必须持病历到学生科办理有关手续后才能回教室上课。

（3）班主任分别对疑似患病的学生进行每日随访、追踪，及时了解其诊治情况。隔离病人做到"两不"（不上课、不外出活动）。对缓报、瞒报、漏报者，因晨、午、晚检不负责任，疏于职守而引起校园或班级出现重大传染病疫情，将追究有关人员相应责任。

（4）晨、午、晚检时间以外师生中发现有疑似传染病患者，全校师生人人有责任及时报告。

（5）新冠肺炎疫情防控期间学校应尽量减少集体活动。

3. 通风、消毒制度

（1）做好开窗通风工作　学校为各班级配发体温表、口罩消毒用具和用品，各班设置专人每天做好消毒和开窗通风工作并做好记录。教室及宿舍每天要保持要开窗通风2～3次，每次不少于30分钟。

（2）做好教室及宿舍消毒措施　每天晚自习结束后及时对教室物体进行表面消毒，并做好消毒记录。每天上课前各班组织学生对宿舍物体进行表面消毒并做好消毒记录。

（三）学生活动管理措施

1. 开展多种形式的健康宣教，普及呼吸道传染病的防控知识，教育学生打喷嚏时要主动掩住口鼻，及时洗手，提高防病意识。

2. 各班级积极利用课余时间开展班级之间、班级内部活动，营造良好的班级活动氛围，提升班集体的凝聚力。

（四）后勤保障

1. 总务科要采取措施保障疫情期间各类防护物资的采购、供应。

2. 认真组织做好校园的消毒防疫工作。

3. 对校园封闭管理要实行不定期例会制度，总结每周出现的各种问题，加强各值班人员的考核与监督，严格各类值班制度，做到有奖有罚和事故责任追究。

4. 根据新冠肺炎疫情防控工作要求，各部门向教职工、学生及家长做好校园封闭管理的宣传和解释工作。做好班主任和教职工思想工作，积极参与学生的宣传和解释工作，取得大家的理解和支持，营造良好的学习氛围。

（来源：湖南省教育厅）

思考：
1. 学生在封校期间如何进行自我管理？
2. 学校、教师在封校期间开展学生工作的重点有哪些？

复习思考题

1. 我国突发公共卫生事件如何分类，有哪些特点？
2. 学生在突发公共卫生事件中应该如何自我管理？
3. 如何强化学生管理群体的宣传作用？

参考文献

[1] 季良纲.突发公共事件应急科普策略分析[J].科普研究，2020, 15（1）: 47-51+106.

[2] 阴珊珊，孟祥鹏，乔雯.2008—2018年泰安市突发公共卫生事件流行特征分析[J].预防医学论坛，2019, 25（8）: 621-623+629.

[3] 朱彦波.泸西县2002—2011年突发公共卫生事件分析[J].中国保健营养，2012, 22（12）: 2219-2220.

[4] 何继波，段婧，秦明芳，等.云南省2005—2008年突发公共卫生事件分析[J].中国预防医学杂志，2010, 11（5）: 523-525.

[5] 李文渊，何薪.刍议公共卫生事件中的警务查缉方法[J].公安教育，2020（3）：33-35.

[6] 胡莲翠.突发公共卫生事件中应急科普作用研究[D].合肥：安徽医科大学，2016.

[7] 乐宁莉.浅谈构建完善的校园网络安全防范体系[J].福建商业高等专科学校学报，2009（3）：62-65.

[8] 李少奇，郑丽萍.大学生安全素质培养研究[J].重庆大学学报（社会科学版），2012，18（3）：162-166.

[9] 高畅，刘彦君，贾明慧.从"科学家与媒体面对面"活动看北京市突发事件应急科普机制的建立[J].科技智囊，2015（4）：74-79.

[10] 刘彦君，赵芳，董晓晴，等.北京市突发事件应急科普机制研究[J].科普研究，2014，9（2）：39-46.

[11] 沈秀莲，王俊瑛.2007—2016年云南省学校突发公共卫生事件流行病学特征[J].职业与健康，2018，34（14）：1993-1997.

[12] 陈新宇，刘静，董婷婷，等.大学生安全素养的培育研究[J].科技创业，2014，27（9）：121-125.

[13] 陶宁.公共卫生突发事件应急机制研究[D].成都：西南交通大学，2018.

[14] 吴丽丽.新时代我国公共卫生应急事件处置研究[D].福州：福建师范大学，2019.

[15] 马光辉.突发公共卫生事件的特性及处置[J].灾害学，2008（S1）：36-39.

[16] 陆晓岚.提高高校应对突发公共卫生事件能力的思考[J].现代企业教育，2011（2）：57-58.

[17] 滕学芹.高校公共卫生突发事件中大学生教育管理的思考[J].中国成人教育，2010（12）：41-43.

[18] 谷友成.一起学校食堂细菌性食物中毒案例的调查及因素分析[J].中国卫生标准管理，2016，7（24）：

7-8.

[19] 张伟. 高校突发事件危机管理对策研究 [D]. 厦门：华侨大学，2013.

[20] 潘丽娜. 高校校园突发事件管理研究 [D]. 合肥：安徽大学，2012.

[21] 叶云霞. 高校突发公共卫生事件管理探析 [D]. 上海：华东理工大学，2014.

[22] 徐楠，吕晶. 高校突发公共卫生事件管理的工作探讨 [J]. 知识经济，2019（18）: 99-100.

[23] 陈建伟，赵金辉，罗启发. 校园危机管理机制中预防原则初探——高校学生工作与校园危机管理 [J]. 医学与社会，2005（11）: 57-59.

第九章 校园非常规状态事件防控与管理实践探析

第一节 校园突发事件应急管理国际经验

第二节 新形势下我国校园安全管理实践探索

第一节
校园突发事件应急管理国际经验

近年来校园突发事件频发,虽然我国相关职能部门开始意识到早期预防校园突发事件的重要性,但是无论是应急管理预案的制订还是各部门之间的协作配合、处理能力都存在着很多问题,并不能真正有效地预防校园突发事件。本章通过分析比较法国、日本、美国在校园突发事件管理上的特点和差异,希望引发我国校园管理者在校园突发事件管理方面的思考,进一步丰富校园建设理论,为建设安全校园提供经验。

一、法国校园重大突发事件应急管理经验

根据法国教育部的统计,在 21 世纪的前 10 年左右,法国高校出现了许多重大的校园紧急情况,例如学生之间的纠纷,校外年轻人对学生的蒙面袭击等事件都造成了重大伤亡情况。针对这种情况,法国有关部门召开了校园暴力问题特别会议,呼吁动员全社会关注校园安全,讨论法国校园紧急情况的成因和发展变化,并呼吁法国各界人士、社会共同努力,建设一个安全的校园,提出切实可行的建议、提案,阐明了规范法国校园安全建设的原则,包括预防、意识和行动等方面。

法国教育部长提出了应对校园紧急情况的四个方向。

1. 加强对学校的安全监测

法国是目前世界上使用专门监控工具对校园环境进行监测的少数几个国家之一。监测一定范围内的教职员工及学生的校园环境,并向公众提供校园环境安全全景图,向学生分发监控设备个人端,使其积极参与到校园环境的监控和自我测试中。使用专业的监测技术不仅更智能,而且对校园安全的评估也更全面,可以及时找到并迅速激活预警干预,并采取有针对性的措施,以避免紧急情况或降低伤害程度。政府监测工具也不断更新和改进,与时代俱进,使用最新的监测指示灯和开发软件,扩大监测范围,提供更准确的数据并建立数据库,专业人士定期上传和分析监测结果以优化软件。

2. 提高教师应对紧急情况的能力

法国教育部在教师实习和职业培训中增加了校园紧急情况的预防、应急管理内容，对教师进行了校园紧急情况应急处置的特定培训，使教师熟悉并掌握紧急情况的诱因和处理过程。此外，一些学校还进行了现场教学，以针对不同性质紧急情况的各种处理和应对计划进行培训，使其能够在特定情况下运用相关知识和实践技能处理特定情况。

3. 完善管理机构，成立安全机动小组

设立校园安全管理新机构，补充人员维护校园安全，建立起以潜在危险因素预警小组、安全管理助理、警卫体系三方互为补充的机制。法国校园负责人拥有安全顾问，并聘请相关领域专家参与校园安全管理工作，增加相应的应对突发事件的课程。在问题突出的学校加强校园安全治理，增加学校智能监测设施，为安全机动小组配备足够的人员，以保障校园安全。

4. 重视政府相关职能部门、学校、家长在处理校园突发事件上的合作

法国将学校安全管理延续到校外，政府制订相应指导方针和政策，为事件处理提供法律依据，根据出现的对应情况不断完善处理程序，维护校园安全。学校制订校园安全管理基本行为守则，以规范学生的日常行为，家长或其他监护人参与对学生行为的监督和指导，阐明责任及其各个方面。没能承担教育责任的监护人可能会因没有履行自己的职责而受到取消社会补贴等惩罚。部分学校的家长可以参加校长组织的会谈，讨论校园安全的管理，加强学校与家庭之间的联系。

二、日本校园重大突发事件应急管理经验

由其地理位置决定了日本是一个容易发生自然灾害的国家，日本政府非常注重应对突发事件管理的运作常态化，出台了一系列应对灾害等突发事件的基本法，坚持"依法防灾、科学应急"的理念，不断完善应急措施，无论是保障措施和制度，还是具体应对方案和恢复方案。近年来，日本校园突发事件频发。日本政府十分重视学校安全问题，各地区都制订了防灾和应急条例，确保应急工作的有序实施。目前，日本的危

机管理体系已经非常规范。总体来说,日本在应对校园突发事件方面有以下经验。

1. 加强宣传教育

由于灾害多发,日本对全民普及危机意识教育,积极培训公众的自救和互助技能。各级教育主管部门均编订突发事件应对手册等资料,并定期开展有针对性的各类突发事件的演练,指导师生实践。

2. 健全应急管理体系

日本建立了相对完善的紧急突发事件管理制度,日本现行的突发事件应急管理体系是"中央-都道府县-市町村"相互协作、层层联络的三级模式。危机发生时,相关人员及时启动各级组织相应的应急对策,以应对危机或者其他突发状况。当校园出现突发事件时,学校管理者与该区域内的应急组织联动共同应对,部署应急人员有序进行现场抢险、转移、上下级信息交流沟通和善后恢复工作。

3. 制度及资源保障

日本坚定地致力于公共卫生紧急情况下的立法行动,并建立了一套完善的法律制度,以防止和应对公共卫生紧急情况。此外,日本政府陆续颁布了《紧急情况管理基本法》《学校安全法》《学校保健法》来解决校园安全问题。学校依据灾害管理和校园安全管理法规,加强应急知识培训教育,有效提高师生应急管理能力和水平,确保师生安全和校园稳定。

公共卫生应急资源包括人员、物资和财政。日本政府将大量财政补助投入到突发事件预警机制的构建,完善经费、制度、设施保障。政府在学校周围设立了足够的"防灾物资仓库",用于存储学校和周边社区所需的救灾物资和急救设备。由专职人员和受过专门训练的志愿者组成应急处理小组,以保障人员储备。

三、美国校园重大突发事件应急管理经验

校园安全问题是美国社会近几年关注的焦点之一。美国多数校园处于半开放状态,导致像校园枪击、种族歧视、聚众吸毒等突发事件频频发生,这给学校安全保卫工作带来了不小的压力和挑战。因此,美国政

府高度重视制订应对校园安全问题的一系列措施。目前，美国已经形成了包括法律体系、预警机制、组织和个人响应系统、全面的响应计划和网络系统的校园应急管理模式。

1. 应急组织体系完善

美国的公共卫生应急体系由联邦、州和市政府主导。各州设立专门的突发事件应急委员会，所有机构和系统相互合作，组织之间的关系非常重要。建立应对各类突发事件的管理理论、综合协调和系统评价机制。

美国建立了完善的应急信息管理系统。突发事件爆发后，政府按照相应制度发布突发事件信息，并层层传递。各部门共享和传递信息，加强部门之间的沟通，并配合实施相应的处理措施。

2. 校园安全法律制度健全

美国政府很重视校园安全，特别是在20世纪90年代后，先后颁布了一系列法律法规，比如《美国2000年教育战略》《联邦应急计划》等。政府要求学校提交年度安全报告，每个学区都会对校园紧急情况进行详细统计，并将分析结果公开。师生可以了解到突发事件发生的原因、过程和应对措施，根据报告结果组织相关人员展开讨论，分析成因以及完善应急方案。美国教育部还制订了针对校园特点的操作指南，并分发给每所学校，明确了应急系统的安全目标以及政府、学校及个人各方具有的责任。

3. 资源保障全面

美国拥有一套完整的应急资源保障体系，包括"医疗设备应急物资救援快速反应系统""财务支持系统""城市应急网络系统"和"国家健康教育系统"，集中了美国最好的资源，应对不同的突发事件和紧急情况。美国政府每年至少拨款数亿美元，以帮助学校改善和加强应急管理计划和实施方案，更新预警系统设备，补充学校的应急物资储备以及针对应急工作进行培训和教育。

4. 危机预警管理

为了应对紧急状况，美国学校在危机管理方面做出了以下努力：对学生进行危机教育以提高学生对预防的认识，并定期评估校园风险以尽早阐明要点；制订应对危机计划，组织学生进行练习，以熟悉危机管理过程；突发事件发生后，对事件进行评估和分类，并建立危机应对指导中心，及时向教师、学生和社会公众发布事件信息，最大程度地减少危机的危害；突发事件发生后及时进行恢复，对整个应对过程进行总结、反思，进一步完善突发事件处理方案，为以后的危机预防做好准备。

第二节 新形势下我国校园安全管理实践探索

一、校园安全文化环境与教育环境建设

校园是传播知识、育人成才的场所，只有营造安全的校园环境氛围，才能保障学校各项工作的顺利开展。

1. 校园自然环境建设

（1）校园基础设施　安全基础设施是校园安全管理工作的物质基础，在加强安全环境、提高预防和减灾能力、提高应急救援效率、促进校园安全文化建设、确保师生生活和财产安全等方面发挥重要作用，如在校园多个地方设置安全减速标志或减速带，安全出入口标志等。

（2）校园周边环境　学校周边往往成为商业聚集的地方，但是许多低端娱乐场所、无证摊位、出租屋和无证"黑车"相继出现，食品卫生、交通安全、消防安全隐患多。另外，一些学校的新校区建在人烟稀少、相对偏远的地区，周边环境较为复杂。校园安全隐患较多，这对校园的安全和稳定构成了巨大的威胁。

2. 校园人文环境建设

（1）建立校园安全管理制度　建立健全完善的规章制度是构筑校园

安全体系框架的前提，针对学校自身的特点，制订和完善校园安全管理制度，规范全校师生行为。

加强校园安全管理队伍的建设。学校治安人员负责校园安全监督检查，对发现的安全隐患提出整改意见，并对整改情况进行监督。同时负责消防安全工作的指导和监督，掌握消防设备部署。完善学校门卫管理规章制度，并组织实施。构建科学而完整的安全责任网络，实施安全工作落实责任制，保证人员、资金和硬件设施配备齐全。

（2）增强学生安全教育　校园安全的核心是开展安全教育。安全教育可以不断提高人们的安全意识，这也是从根本上解决学校安全问题的措施。学校管理者要通过对师生员工加强安全宣传教育，改变师生对安全的认识观念和对组织安全活动的态度，使学生的行为更加符合校园教学、生活及相关活动的安全规范要求。积极采用宣传栏、安全标语渲染校园安全文化氛围，校报刊登有关安全的法律法规、信息、知识技能等内容，充分利用微博、微信、校园广播、校园网、电子显示屏、展板等"多媒体＋安全"的舆论方式，扩大安全宣传作用，建设高尚优雅的校园人文环境。

（3）加强思想道德教育　学校应开展包括理想信念教育、公共道德教育和法纪教育在内的学生思想道德教育，引导学生以健康、高尚的精神文化生活为目标，树立高尚的理想和信念，自觉抵制低俗、淫秽、腐败的文化侵蚀，养成良好的道德品质，与他人和谐相处。加强学生的生命责任意识、集体主义意识、诚实与信用意识等，引导其关注生命，珍惜集体财产，保持稳定和谐的校园环境。

（4）净化校园网络环境　当今的信息时代，互联网的发展给人们带来了许多便利，但同时也给校园安全管理带来了许多挑战。由于网络系统中信息的开放性，许多不良信息传播。大多数学生的生活经验有限，缺乏筛查和预防的能力，可能迷失自我并导致行为偏颇。因此，学校必须指导和规范学生的网络行为，并指导其合理使用网络信息平台。相关平台的管理人员必须使用适当的技术手段来监测和规范学生在网络平台上的行为，并建立完整的校园网络系统和校园文化网站，营造现代校园绿色网络环境。

二、国际应对校园安全事件的经验启示

1. 完善预警机制

（1）提升预警能力和监测能力　国际经验表明，改进信息监测系统和监测危机因素是预警和应急响应的关键。目前，我国突发事件预警情况总体不容乐观。迟交报告和漏报会加剧并导致危机事件的蔓延。同时，信息的分析和利用也是一个薄弱环节。当前，我国应建立完善的应急监测预警体系，研制相关监测设备，完善监测数据库的建设，设立专门机构负责对紧急情况的日常监测，对监测数据进行科学分析和综合评估，并及时报告在早期发现的潜在危险和可能发生的紧急情况。

学校应提高对潜在危机的预防意识，有关管理部门应定期检查并消除学生宿舍、教室和食堂的潜在安全隐患，并定期维护或更换水电设备、消防系统和体育设施，以防止发生各种安全事故。严格实验管理工作，规范实验操作程序，落实有毒有害实验物品管理制度，切实保障实验安全。要加强安全教育和宣传，增强全体师生的安全意识，开展相应的安全科学培训。学校应对师生的身体健康进行动态监测，通过寝室、班级（学院）逐级了解掌握学生健康情况，并向学校医务室报告，做好调查、疫情报告、消毒隔离、转诊治疗等工作。密切注意接触情况，跟进并做好其他预防和控制工作，以防止校园疾病的传播。

（2）树立危机意识　学校必须采取有效措施，重视并实施危机意识教育。学生只有有了危机意识以及心理和实际的准备，才能正确面对危机。学校应对各级管理人员进行应急教育，让他们了解紧急情况的特征、爆发的规律以及巨大的危险和其他相关知识，以培养他们的紧急情况和预防控制意识。

学校可以开设危机教育课程，编写应急方向的教材，采取课堂讲授与课外实践相结合的方式，以案例分析、典型事件和实践演练为主要形式，把危机教育与思想政治教育、心理健康教育、法律教育等联系起来，提高学生应对危机的意识和能力。

（3）应急预案制订和演练　学校应当根据实际情况，制订具有针对性、操作性、实用性的应急预案，并根据事件的特点针对不同类型的事

故制订不同的应急预案。明确规定突发事件发生前、事发时、事后，谁来做、如何做、何时做、做什么。并定期组织师生开展地震、火灾的紧急疏散，暴恐袭击等预防演练活动，模拟事件情况，进行防卫、逃生、自救技能训练，增强学生的应急能力。应急演练应以个案的形式进行，切忌千篇一律，设计制订标准演习程序，根据各类突发事件的特点，模拟安全事件发生的不同场景，安排学生扮演不同角色并模仿真实的情境进行演练，例如组织学生进行火灾的防护演习，让学生熟悉逃生路线以及被困时如何自救和有针对性的逃生方法等。这样的演练可以和公安、消防等相关部门共同组织，也可以与军事训练以及其他社会活动紧密结合。培养学生的紧急应变能力，教育他们在遇到麻烦时要保持镇静和镇定，服从统一安排，有效地保护自己，尽力帮助他人，并为解决紧急情况创造条件。

（4）开展科学的宣传教育　学校开展有关健康知识的宣传活动，扩大宣传和接受教育的渠道，利用新媒体和互联网等技术创新宣传教育形式，加设"应急知识普及周""应急预案演练日""公共安全与卫生的知识竞赛"等活动，并定期组织应对突发公共卫生事件教育活动和安全宣讲会，针对不同年龄段学生的思想和认知水平，开展不同形式、不同内容的教育活动。充分利用校园内各种宣传平台，开展各种应急教育活动。重点是加强预防自然灾害、拥挤踩踏、火灾、盗窃、交通事故及学校暴力的发生，加强预防教育教学事故等方面的安全教育，提高学生的安全防范意识和逃生自救能力。提高师生的突发公共卫生事件意识，普及安全卫生知识，掌握应对突发公共卫生事件的基本知识，提高应对突发公共卫生事件的自信心，增强自我保护能力。学校还应该加强对学生的心理健康教育，提高学生对突发公共卫生事件和外部影响的适应能力，减少群体性心因性反应的发生。

2. 健全应急体系

（1）健全应急管理指挥体系　学校应急管理组织在校园突发事件的处理中起着非常重要的作用，学校要形成完整的应急指挥体系，建立以学校管理者或领导者为组长的应急管理小组，学校各方明确各主体职责，包括应急决策、信息收集、治安保障和后勤保障等。在校园突发事件爆发后，学校管理员和应急管理团队必须尽快对事件做出响应。按照应急管理制度的要求，设立专门的联络小组、后勤服务小组、后勤、医疗救援小组、新闻发布小组和综合交易处理小组等，所有相关职责小组服从小组负责人的指挥，分工合作，及时有效地处理突发事件。

按照应急计划执行每个步骤，主要的措施包括：对伤者进行抢救和治疗，立即封锁和戒严保护现场，疏散无关人员，评估情况以及处理事故造成的损失，并对突发事件的相关情况进行如实报道等。

在处理校园突发事件过程中，必须要坚持系统管理、分级处理的原则。预先科学评估各种可能的危机特征、影响范围等，然后确定突发事件处理的顺序和相应的级别分类，客观地分析学校现有的应急人员和资源、技术条件和应急能力，并采取科学措施。

（2）健全应急管理信息系统　　校园突发事件应急信息管理是指学校应对突发事件时与突发事件有关的信息管理、收集和分析，并将信息向师生和社会公众发布的行为。

保持突发事件管理小组内部沟通渠道通畅，帮助有关部门负责人尽早发现潜在的危机因素，协调处理隐患，采取干预措施，减少突发事件的发生。将调查和检查结果通知负责人，并在报告系统中反馈问题。保持师生间沟通畅通有效，实现师生间的双向信息交流通畅，教师及时了解学生的思想状况，帮助学生解决学习和生活中的实际困难和具体需求，及时提供心理疏导和健康教育。保持外部沟通渠道的畅通，加强与教育管理部门、卫生防疫部门、公安消防部门的沟通，有利于组织开展学校危机处理工作，并可以从专业人士处获得应急管理的专业指导和建议。突发事件出现后，学校宣传部门应依照学校应急管理的程序，请示学校领导及时报告事件的现状和发展趋势，并提示领导尽快做出是否启动信息发布计划的决定。决定启动信息发布计划后，应尽快明确相关部门和人员的职责，并将其落实到位。

（3）健全应急保障系统

① 法律制度保障。预防和处理校园紧急情况需要特殊立法。只有科学而完善的立法才能使学校在处理突发公共卫生事件时遵守法律，以此授予管理各方必须的职权，让各方各司其职，依法管理。学校突发事

件组织机构包括信息与预警组织系统，应急处理决策组织系统，应急管理与处置实施系统，咨询组织系统，供应保证组织系统等。学校突发事件制度包括安全卫生保障制度，食品安全管理制度，网络信息管理制度，信息沟通制度等。以制度约束学校、教职人员、学生各自的责任，实现教育培训、处理应对及善后的制度化和规范化融合。

② 人员保障。加强对学校突发事件应急小组、应急救援志愿者队伍的常态化建设，成员合理分工，明确职责，保证及时、有效和妥善地处置突发事件，建立和完善应对突发公共卫生事件的协调机制。学校根据具体的条件状况，针对不同类型、不同特点的突发事件，聘请相关领域的专家对相关人员进行各种形式的培训，做到理论和实践相结合，系统、科学、有针对性地处理各类突发事件。

加强安保人员和安全责任队伍的配备，落实门卫管理制度和巡逻管理制度，做好校园治安和安全预防以及维护工作。

学校应该按照一定的比例，配备一定数量的、经验丰富的专职心理辅导老师，满足广大师生心理健康咨询需要，了解学生的思想动态，及时为学生不良情绪提供心理疏导和相应的心理干预。

③ 物资保障。近年来，省市各级卫生行政部门建立了应急物资保障机构，编制了相应的应急物资保障计划。学校应根据自身可能发生的突发公共卫生事件与当地卫生资源状况，加强对学校医务室的投入力度，如配备更多的医务人员和基础卫生用品，并购买、储备一批专门的应急物资，如基础医疗器械和药品等，为应急工作提供重要的医疗物资保障。

设立学校公共财政和计划部门，以应对突发公共事件所需的紧急工作资金，包括紧急基础设施项目建设，运营和维护等。

④ 社会保障。为了提高学校应对突发事件的能力，应加强各单位、各部门之间的沟通合作，与当地疾病预防机构建立密切的合作关系，积极配合疾病预防控制机构做好学生体检及预防接种等传染病的预防控制工作。加强与公安消防部门、专业救援组织的沟通，有利于获得应急管理的指导建议，增强应急技能，确保在危机爆发时及时与其取得联系，并在危机发生时确保学校人员的健康和生命安全。

3. 建立事后恢复体系

（1）恢复校园正常生活教学秩序　在基本控制和解决突发事件之后要恢复校园的正常生活和教学秩序，紧急事件的管理重点必须转移到事后恢复工作上。进行紧急损失评估，并仔细检查校园设施的损坏程度。建筑物的重建和维护，受损资产和设备的恢复或更换，场地的合并和整改，安全设施的改善，恢复正常的水或电供应等。当发生突发公共卫生事件时，学校的每个角落都必须彻底消毒，以防止再次感染。根据评估，应尽快解决校园设施、师生心理、教学生活环境等问题，及时恢复校园秩序，使学校教学工作可以尽快恢复到正常状态。

（2）心理疏导　师生的心理受到不同程度的影响，经常表现出拒绝和沮丧的状态。学校必须重视师生的心理辅导。有关学校领导和思想教育者应注意受影响教师和学生的生活，慰问探望相关受影响人员，安排专业心理咨询人员对其进行心理疏导，关心他们身体康复、心理恢复情况。学生因为年龄小，涉世未深，心理和思想还不成熟，相对脆弱，需要更多的关爱。根据青年学生的性格和心理特点，应采用更易接受的方法进行这项工作。比如，可以组建一支专业的心理辅导队伍，通过师生之间倾心沟通、组织集体交流活动等方式减轻他们内心中的不安和恐惧，鼓励其选择合适的方式来宣泄心中的不良情绪。有计划地采取替代、转移、团体心理辅导、同辈心理辅导等方法措施予以引导，化解其心理压力。

（3）事后调查及惩奖追责　学校应积极报告事件发生的时间，及时准确地向公众披露相关信息，驳斥虚假信息，并消除媒体和社会对学校的误解。在学校管理人员控制了突发事件的发展势头或平息了事件之后，应尽快着手调查有关各方的责任、事件发生的过程和处理的相关情况，有必要时请相关职能部门协助进行调查。调查内容主要包括校园突发事件的诱因、相关各方责任和处理中存在的问题，对于工作中的不足提出整改意见，进一步完善应急预案及举措。以突发事件为契机和切入点，在解决校园突发事件的同时顺便摸清与突发事件相关的校园问题，进行配套控制和解决，最大程度地减少校园突发事件的发生概率。最后，根据紧急管理法律和制度，在应急过程中未履行职责的人员应被追究责任，在此过程中表现出色的个人和团体应受到表彰或奖励。

（4）学校形象恢复　学校应积极主动报告相关信息，及时准确地向社会公开有关信息，反驳虚假信息，消除公众的误解。处理事件后，继续向媒体和社会公布事态进展。事件发生后的一段时间内，向媒体和社会报告有关事件其余问题的处理情况，包括接受治疗的受害者的康复状况和学校的赔偿状况。对于事件中涉及的法律责任诉讼问题，应承担起相应的责任，事件调查结束后，将及时向社会公布调查结果和处理方式，赢得社会公众和各方的理解和支持，争取重塑学校形象。

三、我国校园安全建设举措

近年来，我国教育改革不断推进，办学规模不断扩大，各种矛盾不断出现，学校不稳定的因素有所增加，校园安全工作面临严峻挑战。安全和稳定的校园以及和谐文明的教育环境是学校发展的前提，是学校各项事业顺利进行的重要基础。

1. 制度建设

2002年，通过了《学生伤害事故处理办法》，这是第一次以法规的形式明确学校责任的范围，但这只是建立学校安全法律法规体系的一个良好开端，必须进一步完善。学校应建立校园应急预警机制，居安思危，增强忧患意识，对各种可能发生的突发情况及时预测，争取做到早发现、早控制、早解决。

结合学校实际制订出学校安全业务及责任追究制度、安全事故报告制度、消防安全管理制度、校园周边环境报备制度、门卫安全管理制度、教师教育活动安全管理制度、实验室安全管理制度、食品安全管理制度、传染病防控制度等，落实学校安全管理责任，实现学校管理运行制度化和规范化，依法保障学校、教师和学生的合法权益。建立和完善应对学校突发事件的处理方案，包括食品中毒事故应急处理预案、火灾事故应急处理预案、治安事故应急处理预案、自然灾害应急处理预案等，提高安全管理的能力和应对水平。

2. 物质建设

按照学校安全事故预防的基本原则，加强校园安全基础设施建设能力。学校建设应符合校园安全防范规定并配备足够的安全防控设施，以确保教学区域、生活区域、办公室、实验室以及文体活动场地的条件，例如消防设施，安全疏散路线，卫生和防疫设备等。提高学校安全保障部门的技术水平。一般学校校园面积大，仅仅依靠人力很难全面管理，还应配备完整的监控设备。在学校的主要部分和交叉路口覆盖高清晰度摄像机监控设备，在每个关键区域都建立访问控制系统，以完成对校园的整体监控。

3. 文化建设

学校教育不仅传授文化知识，更要关注学生生命安全和生存能力。安全教育应该包括安全意识的培养，学生自我保护能力的培养，对安全知识和技能的培养，对安全心理的维护和健康身体的锻炼。学校可以将安全教育纳入基础课程，并采用专业知识教育、宣传角、小组讨论等传统的方法增强校园安全文化氛围。通过模拟练习和志愿服务，密切联系学生的学习和生活。组织社团实践活动和其他形式的活动，以全面提高学生对安全文化的认识。定期进行消防疏散演习、避震演练等，还可以组织学生参加各种应急预案的制订和实施。让学校的师生熟悉疏散路线、安全标志、安全场所的位置、消防设备的使用以及疏散自救的方法。

开展各种实践活动确保在紧急时刻不慌乱，有序避难，如3月的"全国中小学安全教育日"，11月9日的"消防安全宣传日"，12月2日的"交通安全日"等，开展有关生命安全教育的主题活动，使安全意识深入人心。

4. 精神文明思想建设

（1）提升学生安全意识　学生缺乏必要的安全防范意识，例如对自己财产的保管不充分，对陌生人缺乏警觉，不了解相关避险知识等，很可能会引起校园安全问题或增加安全事故的隐患。此外，学生法律意识比较淡薄，容易做出违法行为。

（2）加强学生思想道德教育　不断提高学生思想道德素质，树立正确的世界观、人生观、价值观、法治道德观；开展道德教育、法治教育、社会实践教育和心理健康教育。

（3）重视学生心理健康 学生心理问题很容易影响校园的安全稳定，想要从根本上消除学生心理问题给校园安全稳定带来的威胁，需要学校长期重视心理健康教育工作，给予学生人文关怀，普及心理健康知识，形成良好的工作机制和工作态势。培养具有良好心理适应力的学生，在面对突发事件时能够从容冷静的开展应对工作，避免因手忙脚乱而引发次生危机。

四、校园安全防范技术的应用

加强技术防范措施的落实是校园治安防控体系建设的重要组成部分。学校职能部门应充分利用科学技术手段，结合学校人群结构复杂、建筑物众多、环境复杂的特点，制订总体规划，不断完善机制，规范工作方式、逐步健全工作网络。技术防范的应用为校园防控体系增加了科技含量，提高了安全保障水平，它与人防、物防三者相辅相成，相互补充，形成有效的防范机制和防范网络。校园技术防御体系的建设主要包括高清视频监控系统、入侵报警系统、电子巡逻系统、出入口控制系统等。

1. 高清视频监控系统

在校园技防系统建设中，安全监控系统是最常见的，可以将各个监控点收集到的图像和声音传输到监控中心，使监控点的情况一目了然，掌握校园治安管理的实时动态信息，在重要场所安装室内无源红外探测器，以防止罪犯进入和偷窃。重点关注关键部分的技术保护，例如学校墙壁、电气教室、财务室、实验室和学生宿舍。校园安全监控点主要分布在校园各建筑物的出入口、校园主要通道和重要场所（如实验室，计算机以及网络中心，财务部门等）、围栏等。另外远程视频用于监考、教学和远程管理，这是近年来的热点。

2. 入侵报警系统

入侵报警系统主要包括周边防盗报警和重要场所防盗报警。入侵报警系统是学校技术防御中最实际和最基本的要求，保证了安全责任人及时与外界联系。当入侵检测器检测到入侵者时，及时生成警报信号，通过传输系统上传到警报控制器。经过识别和判断后，警报控制器将发出声光警报，打开现场照明，打开摄像机，启动视频等，并可以控制各种外围设备。同时，报警信息也可以输出到上级派出所和有关部门。目前，许多中小学已经实现了110指挥中心的自动报警系统和网络化。学校遇到突发状况时，安全责任人可以启动报警程序。

3. 电子巡逻系统

电子巡逻系统是一种监督管理系统，它是一种有效、科学的安全监督管理工具。系统可以指派保安人员和相关安全负责人按照规定的时间和路线对校园内各个区域和重要部位进行巡逻检查，并监测安全人员是否在辖区内进行巡逻工作，同时安装巡逻设备。门卫手持巡逻记录仪按规定的路线和时间到达巡逻点进行记录，并传送至校园安全监控中心。学校领导和管理人员利用该系统对安全检查人员和检查记录进行有效的监督和管理，实现人防与技术防控的结合。

4. 出入口控制系统

出入口控制系统简言之就是我们熟悉的门禁管理系统或一卡通系统。在学校中，"多合一卡"系统非常流行。该系统可以与银行系统、原始软件系统和学校管理信息系统良好连接，广泛用于身份认证、个人信息查询、消费等。它可以改善学校的现代化管理体系，促进学校信息化管理进程，为学生和教职工的工作、学习和生活提供极大的便利，也是校园技术防控的重要手段。在全国中小学，家校联网系统被广泛应用，即学生在进出学校时刷卡确认，然后系统自动为学校和家长提供信息反馈。

5. 系统集成

为了避免学校的技术设备重复，确保学校监测中心的有效运作，应统一平台管理，一些系统整合后可以联动监视相机拍摄，如对不匹配的门卡使用者联动报警。此外，如果视频监控系统发现异常，则可以将入口和出口的门链接起来以进行锁定控制。校园监控中心应根据校园的实际需求和规模而配备相应的防范设备，管理整个防御系统的音频和图像信息。

五、智慧校园管理技术的应用

目前，国内专家学者对智慧校园的定义众说纷纭，没有统一权威的定义。从狭义上定义智慧校园，它是以互联网为基础，根据用户需求构建个性化服务的理念，运用信息化手段探索校园生活、工作和学习的智慧，从而形成智慧教育和智能学习环境。而在广义上，智慧校园的定义是关于"技术、教育、管理、服务、理念"的综合描述。在教育信息化的背景下，应该利用下一代信息技术来整合和共享教育资源。为了适应信息时代教育、学习和科研的需要，应该构建多元化的综合信息资源平台。核心是为多样化学科提供智能化服务，形成智能与教育的融合模式，建立面向学校、教师、学生和监护人的信息化、智能化、系统化的校园教育体系。

1. 智慧教育

智慧教育是信息时代教育的新方向，为了支持信息环境中的技术，例如电子书包、意境感知、资源互联网和自然互动，教师可以使用智慧教育方法，如班级差异化教育、异质团体、个体自主探究、网络互动学习等。

2. 智慧科研

科研一般包括项目申请、科研管理和成果管理。建立在智能校园中的智慧科研服务平台可以实现项目的智能管理。一般来说，它能够发觉科学研究的新方向、新热点，自动搜索相关学校成员的信息并自动添加他们，还会依据工作项目的需求积极推荐合适的伙伴。智慧科研主要包括科研动态智能跟踪，团队项目和相关知识产权的管理，科研协作等。在智能成果管理方面，它主要实现对科研成果最终数据的智能采集，统计和跟踪，使科研活动的发展更快、更高效、更方便。

3. 智慧管理

随着教育信息化的发展，智慧校园实现了从传统管理向智慧管理的转变。特别是校园卡和智能充电终端的普及以及学生信息的智慧管理，都是通过视频影像实时定位和监控、学生的全面管理来实现的。

学生信息管理系统除了提供个人基本信息、教学表、专业课程等信息外，还根据学生学习的需要提供个性化服务，如在线咨询和响应、在线任务提交和搜索、在线讨论和反馈，以及用于智慧管理的教育管理实时服务和实时业务支持。

4. 智慧生活

在智慧校园里，可以绑定校园卡门禁和手机卡的结算等功能。例如，通过中国电信的"一体化卡"和校园卡等运营商的网络技术，可以使用智能手机吃饭、在校园超市购物、乘坐交通工具。使用智能手机和校园卡的消费不仅方便了师生，也有利于监控校园消费，有效指导和培养学生树立良好的消费观念。

北大生命科学院水循环系统老化短路引发火灾

2013年6月18日凌晨0时许，北京大学生命科学院大楼地下室发生火灾，部分实验室受损。生命科学院大楼位于北京大学东门附近。地下一层的"鱼房"是亚洲最大的斑马鱼水实验室之一。据一名学生介绍，18日凌晨0时许，他们先后接到同学打来的电话，告知"鱼房"着火，于是赶往救援。到达大楼时，门口已经排起了多辆消防车，并被封锁。学生们说，事发现场是斑马鱼实验室之一，有数千条鱼死亡。事故原因怀疑是水循环系统老化导致短路。学生们说，这些鱼都是用来做实验的，因为斑马鱼养殖周期短，外观透明，容易观察现象，所以适合作为本科生、研究生和博士生的研究课题。数千条鱼在事故中被烧死，占总数的三分之二。由于样品丢失严重，学生需要重新生产相应的样品。有些博士研究比较复杂，观察期也比较长，这需要更多的时间。重新研究新样本可能会导致延迟毕业。

（来源：某高校实验室与设备管理处网站）

思考题：1. 学校在事后处理要关注哪些方面？
2. 学校在消防安全管理问题上要加强哪些方面？

提示：可从事前预警、事后追责、恢复正常生活与教学秩序、舆论引导、消防安全教育等方向思考。

复习思考题

1. 校园非常规状态事件的国际管理经验有哪些共同点?
2. 学生主体应如何配合校园安全防范工作?

参考文献

[1] 姚军玲,闫东.校园重大突发事件应急管理的国际经验与启示[J].焦作师范高等专科学校学报,2019,35(4):44-47.

[2] 武林.国外高校危机事件应急管理经验分析[J].徐州工程学院学报(社会科学版),2018,33(6):105-108.

[3] 樊丽平,赵庆华.美国、日本突发公共卫生事件应急管理体系现状及其启示[J].护理研究,2011,25(07):569-571.

[4] 金东贤,李协京,王小飞.看国外如何构筑校园安全防线(下)[J].下一代,2010(Z2):62-64.

[5] 施建华,林海江,孙梅,等.国外突发公共卫生事件应急处置体系及对我国的启示[J].中国卫生政策研究,2014,7(07):44-49.

[6] 段力.西安高校突发事件应急管理研究[D].西安:长安大学,2016.

[7] 程鹏.浅议校园突发事件的应急管理[J].宿州学院学报,2010,25(6):77-81.

[8] 王旭明.高校突发事件应急管理体系的研究[J].当代教育实践与教学研究,2017(6):119.

[9] 李杰贤.论校园安全文化建设[J].新课程(下),2015(1):20.

[10] 刘忠双. 普通高校校园安全文化建设研究 [D]. 齐齐哈尔：齐齐哈尔大学，2016.

[11] 郑丽萍. 高校"平安校园"建设探析 [J]. 长江师范学院学报，2012，28（10）：91-93.

[12] 高红玲，郝永佳. 构建校园安全文化　培育学生快乐成长——论平安和谐的校园环境建设 [J]. 吉林教育，2014（16）：38.

附录

教育系统公共卫生类突发事件应急预案
（节选）

1 总则

1.1 目的

有效预防、及时控制和妥善处理教育系统突发公共卫生事件，提高快速反应和应急处置能力，将各类突发公共卫生事件对学校师生员工造成的危害降低到最低程度，确保学校师生员工的健康与生命，保证正常的教育教学和生活秩序，维护学校和社会稳定。

1.2 编制依据

《中华人民共和国突发事件应对法》《中华人民共和国传染病防治法》《中华人民共和国食品安全法》《突发公共卫生事件应急条例》《国家突发公共卫生事件应急预案》及《教育系统突发公共事件应急预案》等法律法规。

1.3 适用范围

本预案适用于教育部、省级及以下教育行政部门、各级各类学校（幼儿园）应对各类突发公共卫生事件的应急处置工作，包括发生在学校内以及学校所在地区发生的，可能对学校师生健康与生命安全造成危害的重大传染病、群体性不明原因疾病、食物中毒等公共卫生事件的应急处置工作。

1.4 工作原则

1.4.1 统一领导，快速反应。教育部与省级及以下教育行政部门、学校分别成立突发公共卫生事件应急处置工作领导小组，在领导小组统一领导下，与卫生部门密切配合，全面负责本区域教育系统应对突发公共卫生事件的处置工作，形成处置突发公共卫生事件的快速反应机制，确保发现、报告、指挥、处置等环节的紧密衔接，做到快速反应，正确应对，果断处置。

1.4.2 分级负责，属地管理。教育系统发生突发公共卫生事件后，应遵循属地化管理原则，省级及以下教育行政部门和学校应在当地党委和政府的统一领导下，及时采取应急响应措施，并逐级及时报告上级教育行政部门。

1.4.3 预防为主，及时控制。立足于防范，抓早、抓小，各级教育行政部门和学校要认真排查各类卫生安全隐患，强化信息的广泛收集，对各类可能引发突发公共卫生事件的情况及时进行分析、预警，落实各项防范措施，做好人员、技术、物资和设备的应急储备工作，做到早预防、早发现、早报告、早处理，把事件危害降低到最低程度。

1.4.4 系统联动，群防群控。发生突发公共卫生事件后学校（幼儿园）负责人要立即深入第一线，掌握情况，开展工作，控制局面。教育行政部门要及时与学校联系，协助并指导应急处置工作；或赶赴现场直接参与实施应急处理。学校和教育行政部门要迅速与卫生、食品药品监管等部门联系，形成各级各部门系统联动，群防群控的有效处置工作格局。

1.4.5 以人为本，生命至上。处置突发公共卫生事件中，要坚持以人为本的原则，始终把保护师生健康和生命安全放在第一位，特别是对危重病人要不惜代价地迅速组织救治。

2 应急组织指挥体系及职责

2.1 教育部突发公共卫生事件应急处置工作组及职责

2.1.1 教育部突发公共卫生事件应急处置工作组

组长：分管副部长

副组长：体育卫生与艺术教育司司长

成员：教育部办公厅、体育卫生与艺术教育司、发展规划司、财务司、基础教育一司、基础教育二司、职业教育与成人教育司、直属高校工作司、高等教育司、教育督导团办公室、思想政治工作司等司局（单位）负责人。

工作组办公室设在体育卫生与艺术教育司，办公室主任由体育卫生与艺术教育司负责人兼任。

2.1.2 主要职责

在国务院的统一部署下，在卫生部的指导下，负责全国教育系统突发公共卫生事件的应急处置工作；及时收集与分析全国教育系统突发公共卫生事件的相关信息，并适时向各地教育行政部门通报情况，发出预警，提出紧急应对学校突发公共卫生事件的政策、措施；指导各地教育行政部门和学校应对和处置突发公共卫生事件；督促各地教育行政部门和学校落实突发公共卫生事件应对措施；及时总结和推广各地、各校应对突发公共卫生事件的经验和做法；督促各地根据突发公共卫生事件的性质对有关责任人进行责任追究。

2.1.3 运行机制

按照教育部突发公共卫生事件应急处置工作组的部署和要求，体育卫生与艺术教育司具体负责学校突发公共卫生事件应急处置工作。发生特别重大（Ⅰ级）突发公共卫生事件时，教育部立即按照应急预案，启动应急响应措施，组成教育部突发公共卫生事件应急办公室，并调集工作组成员单位相关人员实行集中办公。

2.2 省级及以下教育行政部门突发公共卫生事件应急处置工作领导小组职责

省级及以下教育行政部门在当地政府的统一领导下，成立与教育部突发公共卫生事件应急组织指挥体系相对应的应急处置工作领导小组，具体负责指挥与落实本辖区内教育系统突发公共卫生事件的应急处置工作。

主要职责包括：建立健全应对突发公共卫生事件的工作责任制度，并将责任分解到部门、落实到人；在当地卫生部门的指导下，制定符合本地区实际的应对突发公共卫生事件的对策、措施及应急预案；落实突发公共卫生事件的信息报告人并及时上报相关信息；配合卫生部门，严密监测所辖学校突发公共卫生事件发生情况，并适时做出预警；指导下级教育行政部门和学校紧急应对和处置突发公共卫生事件；协助卫生部门和学校组织救治工作；检查督促所辖学校落实各项应对突发公共卫生事件的措施；总结推广学校应对突发公共卫生事件的经验与做法；协调有关方面的力量对突发公共卫生事件进行调查和处理；根据突发公共卫生事件的性质督促地方教育行政部门和学校对有关责任人进行查处。

2.3 各级各类学校（幼儿园）突发公共卫生事件应急处置工作领导小组职责

学校成立由主要领导负责的突发公共卫生事件应急处置领导小组，具体负责落实学校突发公共卫生事件应急处置工作。

其主要职责包括：在卫生部门指导下，根据当地政府和上级教育行政部门的突发公共卫生事件应急预案，制定本校的突发公共卫生事件应急预案；建立健全应对突发公共卫生事件的工作责任制度，建立一把手负总责与分管校长具体抓的责任制，并将责任分解到部门、落实到人；明确并落实突发公共卫生事件的信息报告人；具体实施对突发公共卫生事件的应对与处置工作，配合卫生部门对事件原因进行调查；及时向上级教育行政部门及卫生等有关部门报告学校突发公共卫生事件的进展与处置情况。

3 事件分级标准

根据《国家突发公共卫生事件应急预案》，结合教育行政部门实际，突发公共卫生事件按严重程度，从高至低划分为特别重大（Ⅰ级）、重大（Ⅱ级）、较大（Ⅲ级）和一般（Ⅳ级）四级。

具体分级标准由国务院卫生行政部门和各级地方卫生行政部门按照职责分工分别确认，教育系统参照执行。

学校所在地区发生的、可能对学校师生员工健康造成危害的突发公共卫生事件，各级教育行政部门和学校应在当地政府的统一领导和卫生行政部门具体指导下，根据突发公共卫生事件的严重程度，做好相应的应急处置工作。

4 信息报送与信息发布

建立畅通的信息传输渠道和严格的信息上报机制，完善快速应急信息系统。

4.1 信息报送原则

4.1.1 迅速：学校应在第一时间（2小时内）向当地教育行政部门和卫生部门报告，不得延报。

4.1.2 准确：信息内容要客观翔实，不得主观臆断，不得漏报、瞒报、谎报。

4.1.3 直报：发生Ⅰ级（特别重大）事件，可直接报教育部。

4.1.4 事件情况发生变化后，应及时续报。

4.2 信息报告

4.2.1 突发公共卫生事件的责任报告单位

责任报告单位：各级各类学校（幼儿园）和各级教育行政部门；

责任报告人：各级各类学校和各级教育行政部门指定的信息报送

人员。

4.2.2 突发公共卫生事件报告时限及程序

（1）初次报告

各级各类学校（幼儿园）发生突发公共卫生事件后，应在第一时间（事件发生后2小时内），向主管教育行政部门、当地（县）卫生部门进行初次报告。

县级及以上教育行政部门接到学校初次报告后，应及时与同级卫生部门核实，在2小时内逐级报告上一级教育行政部门及同级政府，直至教育部突发公共卫生事件应急处置工作组办公室。

特别重大（Ⅰ级）或者重大（Ⅱ级）突发公共卫生事件发生后，省级教育行政部门必须在3小时内报告教育部突发公共卫生事件应急处置工作组办公室。

特别重大（Ⅰ级）突发公共卫生事件，学校或基层教育行政部门可以直接报告教育部突发公共卫生事件应急处置工作组办公室。

（2）进程报告

Ⅰ级和Ⅱ级突发公共卫生事件处置过程中，学校每天应将事件发展变化情况报告上级教育行政部门，地方教育行政部门要逐级每日报告上级教育行政部门直至教育部突发公共卫生事件应急处置工作组办公室。

Ⅲ级和Ⅳ级突发公共卫生事件处置过程中，学校应及时将事件发展变化情况报告上级教育行政部门，地方教育行政部门要逐级报告上级教育行政部门和当地政府。

（3）结案报告

事件结束后，应将事件处理结果逐级报告上级教育行政部门直至教育部突发公共卫生事件应急处置工作组办公室。

4.2.3 报告内容

（1）初次报告内容：事件发生时间、发生地点、患病（中毒）人员症状、患病（中毒）人数、事件经过、可能的原因等。

（2）进程报告内容：患病（中毒）人员治疗与病情变化情况、事件控制情况、造成事件的原因、已经或准备采取的整改措施。

（3）结案报告内容：事件处理结果（包括事件性质与发生原因）、整改情况、责任追究情况等。

4.3 信息发布

4.3.1 根据《突发公共卫生事件应急条例》，全国突发公共卫生事件的信息由国务院卫生行政部门负责向社会发布；省、自治区、直辖市人民政府卫生行政部门经国务院卫生行政部门授权向社会发布本行政区域内突发公共卫生事件的信息。

4.3.2 各级教育行政部门不得自行向社会发布突发公共卫生事件的信息。

4.4 突发公共卫生事件信息报送程序

5 预防预警

各级教育行政部门和学校应建立健全卫生防疫与食品卫生安全工作责任制，并将责任分解落实到部门和具体责任人。

将卫生防疫和食品卫生安全教育以及其他突发公共卫生事件的预防与应急知识贯穿在日常教育之中，增强广大师生员工公共卫生意识和自我保护能力。

严格食品卫生安全管理，食堂必须取得餐饮服务许可，食堂从业人员必须持有健康合格证，加强食品原料采购与贮存、食品加工、餐饮具消毒、食堂的安全保卫等各环节卫生安全管理工作。

加强饮用水卫生管理，为师生提供符合卫生要求的饮用水。

加强厕所卫生管理，做好粪便的无害化处理，防止污染环境和水源。

加强学生宿舍卫生管理与安全保卫，改善宿舍卫生与通风条件。

落实学生定期健康体检制度、晨午检制度、因病缺课登记追踪制度和儿童入托、入学查验接种证制度，及时发现传染病患者并采取相应的隔离防范措施。

加强学校实验室安全管理，存放有毒、有害试剂、药品及物质的物品柜必须设置双锁，并双人管理。

建立健全校内有关部门和人员、学校与家长、学校与当地医疗机构及教育行政部门联系机制，完善信息收集报送渠道，保证信息畅通。

建立与卫生部门信息联动机制，及时收集所在地区突发公共卫生事件发生信息，对各类可能引发学校突发公共卫生事件（传染病、食物中毒等）的情况及时进行分析并发出预警。

加强应急反应机制的日常性管理，在实践中不断运用和完善应急处置预案。加强人员培训，开展经常性的演练活动，不断提高应对突发公共卫生事件的能力。

做好应对学校突发公共卫生事件的人力、物力和财力方面的储备工作，确保突发公共卫生事件预防、现场控制的应急设施、设备和必要的经费。

6 应急处置措施

6.1 一般突发公共卫生事件的应急反应

6.1.1 学校的应急反应

一般突发公共卫生事件发生后，现场的教职员工应立即将相关情况通知学校突发公共卫生事件责任报告人及学校领导。

学校领导接到报告后，必须立即赶赴现场组织实施以下应急措施。

食物中毒应急措施：

联系当地卫生部门（医院），对中毒人员进行救治；

通知有关人员停止食用可疑中毒食品，或追回已出售（发出）的可疑中毒食品；

停止出售和封存剩余可疑的中毒食品；

控制或切断可疑水源；

与中毒人员（特别是中小学生或病情严重者）家长、家属进行联系，通报情况，做好思想工作，稳定其情绪；

组织人员对共同进餐的学生进行排查；

积极配合卫生部门封锁和保护事发现场，对中毒食品取样留验；或配合公安部门进行现场取样，开展侦破工作；

按照当地政府和卫生部门要求，认真落实其他紧急应对措施；

对学校不能解决的问题及时报告主管教育行政部门和当地政府以及卫生行政部门，并请求支持和帮助；

在学校适当的范围通报突发公共卫生事件的基本情况以及采取的措

施，稳定师生员工情绪，并开展相应的卫生宣传教育，提高师生员工的预防与自我保护意识；

学校在采取上述应急措施的同时，应向当地卫生部门和教育主管部门报告。

传染病应急措施：

及时隔离患病的学生，并送至医院进行治疗；

教室、宿舍等人员集中的室内场所应经常开窗，做到有效通风透气，确保室内的空气流通（主要针对呼吸道传染病）；

暂停组织室内场所的大型集体活动（主要针对呼吸道传染病）；

控制或切断可疑水源（主要针对肠道传染病）；

协助卫生部门对患病人群所在场所进行彻底消毒；对病人接触过的人员，包括同学、老师进行随访，并配合当地政府或卫生行政部门采取必要的隔离观察措施；

加强每日晨午检工作，对缺勤的师生员工逐一进行登记，并查明缺勤的原因，对患有传染病的师生劝其及时就医或在家医学观察，暂停上学或上班；

每日对患病师生进行追踪和记录，了解疾病转归；

密切关注传染病流行情况，必要时经当地卫生行政部门组织专家进行疫情风险评估后，可报请所在地教育行政部门并经当地（县级以上）人民政府批准，采取临时停课等特殊措施；

与患病学生（特别是中小学生或病情严重者）家长、家属进行联系，通报情况，做好思想工作，稳定其情绪；

按照当地政府和卫生行政部门要求，认真落实其他紧急应对措施；

对学校不能解决的问题及时报告主管教育行政部门和当地政府以及卫生行政部门，并请求支持和帮助；

在学校适当的范围通报突发公共卫生事件的基本情况以及采取的措施，稳定师生员工情绪，并开展相应的卫生宣传教育，提高师生员工的预防与自我保护意识。

学校在采取上述应急措施的同时，应向当地卫生部门和教育主管部门报告。

预防接种（或服药）造成的不良反应或心因性反应的应急措施：

联系当地卫生部门（医院），对出现不良反应的学生进行救治；

停止预防接种或预防性服药，封存剩余接种疫苗或药品；

组织人员对预防接种或预防性服药的学生进行排查；

与家长、家属进行联系，通报情况，做好思想工作，稳定其情绪；

配合卫生部门排查原因，对引发反应的药品、疫苗取样留验；

按照当地政府和卫生部门要求，认真落实其他紧急应对措施；

对学校不能解决的问题及时报告主管教育行政部门和当地政府以及卫生行政部门，并请求支持和帮助；

在学校适当的范围通报突发公共卫生事件的基本情况以及采取的措施，稳定师生员工情绪，并开展相应的卫生宣传教育，提高师生员工的预防与自我保护意识；

学校在采取上述应急措施的同时，应向当地卫生部门和教育主管部门报告。

其他突发公共卫生事件的应急措施：

除以上三类突发公共卫生事件之外的其他类型突发公共卫生事件的应急处置参照上述措施执行。

6.1.2 地方（地、县、区）教育行政部门的应急反应

发生地教育行政部门尤其是县（区）教育行政部门的主管领导接到学校报告后应立即赶赴事发学校了解情况并组织实施以下应急措施：

协助学校做好对中毒或患病人员的救治工作，或到医院看望中毒或患病人员；

对学校必须采取的各项应急措施进行检查核实；

协调和帮助学校解决突发公共卫生事件处理过程中的有关问题和困难；

根据突发公共卫生事件性质、发展变化情况，及时指导学校实施相应的应急措施；

按照突发公共卫生事件报告要求，向上级教育行政部门及同级政府进行报告；

协助学校做好家长思想工作，加强舆论引导，稳定家长及学校师生

员工情绪，维护学校教学秩序等；

协助卫生等有关部门对突发公共卫生事件进行调查处理；

根据突发公共卫生事件的性质对有关责任人进行查处。

6.1.3 省级教育行政部门的应急反应

接到下级教育行政部门的报告后，立即与卫生、食品药品监督管理部门沟通，并向省政府及教育部进行报告；

与发生地教育行政部门保持密切联系（必要时派员到现场），了解事件的进展情况，指导与督促发生地教育行政部门落实各项应急措施；

协助解决突发公共卫生事件处置工作中存在的问题与困难；

根据突发公共卫生事件性质对所属学校的责任人进行查处，或督促地方教育行政部门对相关责任人进行查处；

将事件的进展情况及处理结果及时报教育部。

6.1.4 教育部的应急反应

接到报告后，与省级教育行政部门保持密切联系，随时了解突发公共卫生事件相关信息；

指导和督促发生地教育行政部门和学校迅速采取相应应急措施；

协调和帮助基层教育行政部门和学校解决突发公共卫生事件处理过程中遇到的特殊问题与困难；

督促地方教育行政部门对相关责任人进行查处。

6.2 较大及重大突发公共卫生事件的应急反应

6.2.1 学校的应急反应

除按照一般突发公共卫生事件的应急反应，组织实施相应的应急措施外，有人员死亡的，应做好死亡人员家属的接待与安抚工作，同时还应在卫生部门及教育行政部门的指导下，及时介入心理危机干预工作，对相关人群进行心理干预。

6.2.2 地方（地、县、区）教育部门的应急反应

除按照一般突发公共卫生事件的应急反应，组织实施相应的应急措施外，有死亡人员的应协助学校做好死亡人员的家属接待与安抚工作，同时还应协助并指导学校，及时开展心理危机干预工作，对相关人群进行心理干预；

发生地教育行政部门还应按照当地政府的统一部署，落实其他相应的应急措施。

6.2.3 省级教育行政部门的应急反应

除按照一般突发公共卫生事件的应急反应，组织实施相应的应急措施外，省级教育行政部门主管领导和有关人员在接到基层教育行政部门报告后应及时赶赴突发公共卫生事件现场，并组织实施以下应急措施：

配合卫生部门对突发公共卫生事件进行评估，并根据卫生部门的建议，按照本省应急预案，适时启动应急响应措施；

协助卫生等有关部门对突发公共卫生事件进行调查处理；

根据突发公共卫生事件的发展趋势，提出相应的应急处置工作意见；

有人员死亡时，应协助并指导地方教育行政部门，及时开展心理危机干预工作，对相关人群进行心理干预。

根据突发公共卫生事件的性质和调查结果，对有关责任单位进行通报；

在省级卫生行政部门的指导下，对本省学校突发公共卫生事件防控工作进行部署，对各地防控工作开展情况进行督查。

6.2.4 教育部的应急反应

除按照一般突发公共卫生事件的应急反应，组织实施相应的应急措施外，应协调解决突发公共卫生事件处置过程中存在的问题与困难；必要时联系专家赶赴现场指导应急工作；及时向有关各省、自治区、直辖市通报突发公共卫生事件相关信息，并督促各地认真开展防控工作等。

6.3 特别重大突发公共卫生事件的应急反应

6.3.1 学校的应急反应

除按照重大突发公共卫生事件的应急反应，组织实施相应的应急措施外，每日必须向主管教育行政部门报告突发公共卫生事件的发展变化情况。

6.3.2 地方教育行政部门的应急反应

除按照重大突发公共卫生事件的应急反应，组织实施相应的应急措施外，信息报告人每天应按照报告要求进行突发公共卫生事件的信息进程报告。

6.3.3 省级教育行政部门的应急反应

除按照重大突发公共卫生事件的应急反应，组织实施相应的应急措施外，信息报告人每天应按照报告要求进行突发公共卫生事件的信息进程报告。同时，应根据当地政府的统一部署和教育部的要求，根据本省教育系统突发公共卫生事件应急预案，采取应急响应措施。

6.3.4 教育部的应急反应

按照国务院的统一部署，指挥教育系统突发公共卫生事件的防控工作；

根据卫生部专家组对突发公共卫生事件的研判和教育系统突发公共卫生事件应急预案，采取应急响应措施，成立教育部突发公共卫生事件应急办公室，实行集中办公并24小时值班；

必要时启动全国教育系统突发公共卫生事件每日"零报告"制度；

必要时派主管人员或专家赴突发公共卫生事件发生地，指导并协助处理突发公共卫生事件；

协助国务院卫生行政部门参与地方突发公共卫生事件的处置工作；

及时对突发公共卫生事件相关信息进行分析，并根据突发公共卫生事件的发展趋势，及时调整学校突发公共卫生事件防控及应急措施；

协调解决发生突发公共卫生事件的地方教育系统防控工作中存在的问题与困难；

根据突发公共卫生事件的性质和调查结果，对事件及有关责任单位进行通报；

督促各地根据突发公共卫生事件的性质对有关责任人进行责任追究；

对各地教育系统突发公共卫生事件防控工作进行督导检查等。

6.4 地方教育行政部门快速应急处置工作程序

7 善后与恢复工作

突发公共卫生事件应急处置完成后，工作重点应马上转向善后与恢复行动，争取在最短时间内恢复学校正常秩序。

尽快恢复学校正常教学秩序。对因传染病流行而致暂时集体停课的，必须对教室、阅览室、食堂、厕所等场所进行彻底清扫消毒后，方能复课；因传染病暂时停学的学生，必须在恢复健康，经有关卫生部门确定没有传染性并出具有效的病愈证明后方可复学；因水源污染造成传染病流行的学校，其水源必须经卫生部门检测合格后，方可重新启用。

根据调查结果，对导致事件发生的有关责任人或责任单位，依法追究责任。

学校和当地教育行政部门应认真做好或积极协调有关部门做好受到突发公共卫生事件损害的相关人员的善后工作。

对突发公共卫生事件反映出的相关问题、存在的卫生隐患问题及有关部门提出的整改意见进行整改。

8 应急保障

8.1 信息保障

教育部、各地教育行政部门和学校要建立健全并落实突发公共卫生事件信息收集、传递、报送、处理等各环节运行机制，完善信息传输渠道，保持信息传输设施和通信设备完好，保持通信方便快捷，确保信息报送渠道的安全畅通。

8.2 物资保障

各地教育行政部门和学校，特别是高校和寄宿制中小学校应建立处置突发公共卫生事件的设施设备（如传染病隔离场所、紫外线灯等）、消毒药品储备，为妥善处置突发公共卫生事件提供物资保障。

8.3 资金保障

各地教育行政部门应急资金纳入各地统一财政预算。各高校应安排充足的应急资金，保证突发公共卫生事件应急处置所需。

8.4 人员保障

各地教育行政部门和学校应加强卫生队伍建设，定期开展突发公共卫生事件防控的专业知识培训，为应急预案的启动提供人员保障。

8.5 培训演练保障

各地教育行政部门和学校应配合卫生部门，组织开展应急演练。

9 附则

9.1 鉴于学校集体食物中毒、传染病流行事件涉及青少年健康安全，社会关注度较高，对未达到本预案Ⅳ级突发公共卫生事件标准的，学校除应按照《食品卫生安全法》《传染病防治法》等相关规定，向当地卫生部门报告外，还应参照Ⅳ级突发公共卫生事件应急措施进行处理。

9.2 名词解释

教育系统是指各级教育行政部门、各级各类学校（包括幼儿园）。

重大传染病疫情是指某种传染病在短时间内发生、波及范围广泛，出现大量的病人或死亡病例，其发病率远远超过常年的发病率水平的情况。

群体性不明原因疾病是指在短时间内，某个相对集中的区域内同时或者相继出现具有共同临床表现病人，且病例不断增加，范围不断扩大，又暂时不能明确诊断的疾病。

重大食物中毒：是指由于食品污染害的原因而造成的人数众多或者伤亡较重的中毒事件。

9.3 本预案自印发之日起实施。原《教育系统突发公共事件应急预案》中公共卫生类突发事件应急处置相关规定与本预案不一致的，依照本预案规定执行。

9.4 未尽事宜由教育部负责解释。

中华人民共和国教育部
二〇〇九年八月